世界热带农业科技机构概况

SHIJIE REDAI NONGYE KEJI JIGOU GAIKUANG

蒋昌顺　张　雪　主编

中国农业出版社

图书在版编目（CIP）数据

世界热带农业科技机构概况 / 蒋昌顺，张雪主编
.—北京：中国农业出版社，2011.10
ISBN 978-7-109-16184-9

Ⅰ.①世… Ⅱ.①蒋…②张… Ⅲ.①农业—科学研究组织机构—概况—世界 Ⅳ.①F312

中国版本图书馆 CIP 数据核字（2011）第 210776 号

中国农业出版社出版
（北京市朝阳区农展馆北路 2 号）
（邮政编码 100125）
责任编辑 石飞华

中国农业出版社印刷厂印刷 新华书店北京发行所发行
2011 年 11 月第 1 版 2011 年 11 月北京第 1 次印刷

开本：889mm×1194mm 1/32 印张：4.25
字数：80 千字 印数：1～2 000 册
定价：15.00 元

主　编　蒋昌顺　张　雪

参　编　陈松笔　鄢小宁　唐　弼

游　雯　王金辉　谢　铁

前言

FOREWORD

中国热带农业是建立在引进国外热带农业生物资源和先进科技资源的基础上，通过创新利用发展起来的。这是中国热带农业发展的一条重要经验，也反映了中国热带农业发展的基本规律。中国热区包括海南、广东、广西、云南、贵州、四川、湖南、福建、江西、台湾等省（自治区），面积约50万平方千米。而世界热区总面积达5 300多万平方千米，主要分布在亚洲、非洲、拉丁美洲及南太平洋岛屿。这些地区丰富的热带农业资源为中国与其开展合作研发提供了有利条件。

近年来，随着经济全球化进程的加速，各国经济联系日益紧密，国际农业科技合作与交流不断加强，合作领域也日益宽广。全球化使中国更容易引进国外先进理念和技术，促进中国热带农业科技创新，提升中国在世界热带农业领域的影响力和竞争力。全球化也有利于中国通过加强同热带地区发展中国家的合作，引进和开发热带农业资源，满足中国国民经济对热带农产品的需求。

为促进中国与世界热带农业科技机构间的交流与合作，了解国际热带农业科技资源，开拓热带农业科技合作交流新途径，我们收集了国际农业研究磋商组织、联合国粮农组织、国际橡胶研究与发展委员会、天然橡胶生产国协会、国际椰子遗传资源网、亚太椰子共同体、巴西农牧研究院、法国国际农艺研究与开发合作中心等106个国际、区域和国家农业科技组织的基本资料，并整理出版。希望能为我国相关农业机构与这些组织开展交流与合作提供基础信息支持。

由于时间及能力所限，难免存在不妥和失误之处，希望读者予以指正。

本书在编写过程中得到了有关方面领导和专家的支持和帮助，在此一并表示感谢。

编　者

2011年7月

CONTENTS 目录

前言

第一章 国际农业研究磋商组织

第二章 热带农业科技国际组织

第三章　热带农业科技区域组织

亚　洲

非　洲

美　洲

欧　洲

第四章　各国热带农业科技机构

亚　洲

非　洲

大洋洲

美　洲

欧　洲

第一章

【世界热带农业科技机构概况】

国际农业研究磋商组织

国际农业研究磋商组织（Consultative Group on International Agricultural Research，CGIAR）成立于 1971 年，总部设在美国华盛顿，是由世界银行、联合国粮农组织、联合国开发计划署、国际农业发展基金会等国际组织在内的 64 个成员以及私人基金会共同资助的全球性、公益性国际农业研究机构。该组织下设 15 个国际农业研究机构（表 1），涵盖了农业、林业、牧业、渔业，以及农业政策的各主要领域，所属研究机构遍及世界各地，并且拥有目前世界上数量最多的种质资源。

CGIAR 拥有 8 500 多名科学家，遍布 100 多个国家，旨在通过在农业、林业、渔业、政策与环境等领域开展科学研究和相关活动，以最先进的科学手段来解决发展中国家的“三农”问题。磋商组织拥有一系列杰出的成就，包括：研发优质蛋白玉米、非洲新稻、新品种罗非鱼，推广害虫综合防治与生物防治技术，在亚洲和非洲采用免耕种或低耕种法、推动非洲的生产者进入国际大豆市场，以及为发展中国家培训科学家和研究人员 7.5 万多人等。

该组织的使命是在农业、林业、牧业、渔业、政策与自然资源保护等领域通过开展一系列科技研究和相关活动，使发展中国家实现可持续发展、食品安全和摆脱贫穷这一目标，其中最重要的目标是帮助各国、特别是第三世界国家开展农业科学研究和发展农业生产，通过农业研究使贫困地区的低收入者获益。

网址： http：//www. cgiar. org

表 1　国际农业研究磋商组织所属机构

(1) 国际热带农业中心（CIAT） 哥伦比亚，卡利 www. ciat. cgiar. org	(9) 国际畜牧研究所（ILRI） 肯尼亚，内罗毕 www. ilri. org
(2) 国际热带农业研究所（IITA） 尼日利亚，伊巴丹 www. iita. org	(10) 世界渔业中心（WFC） 马来西亚，槟榔屿 www. worldfishcenter. org
(3) 国际干旱地区农业研究中心（ICARDA） 叙利亚，阿勒颇 www. icarda. org	(11) 国际生物多样性中心（IBC） 意大利，玛格利兹 www. bioversityinternational. org
(4) 国际半干旱地区热带作物研究中心（ICRISAT） 印度，海德拉巴 www. icrisat. org	(12) 国际玉米小麦改良中心（CIMMYT） 墨西哥，埃尔巴丹 www. cimmyt. org
(5) 国际粮食政策研究所（IFPRI） 美国，华盛顿 www. ifpri. org	(13) 国际马铃薯中心（CIP） 秘鲁，利马 www. cipotato. org
(6) 国际水资源管理研究所（IWMI） 斯里兰卡，科伦坡 www. iwmi. cgiar. org	(14) 国际水稻研究所（IRRI） 菲律宾，洛斯巴诺斯 www. irri. org
(7) 国际林业研究中心（CIFOR） 印度尼西亚，茂物 www. cifor. cgiar. org	(15) 非洲水稻中心（AfricaRice） 贝宁，科托努 www. africaricecenter. org
(8) 世界农用林学中心（ICRAF） 肯尼亚，内罗毕 www. worldagroforestrycentre. org	

1. 国际热带农业中心

国际热带农业中心（International Center for Tropical Agriculture，CIAT）成立于1967年，总部设在哥伦比亚卡利市，是国际农业研究磋商组织成员之一。它是一个自主的非营利性国际农业研究和培训机构。其任务是在热带发展中国家为技术创新提供科学服务，从而促进农业生产的持续提高，同时保护自然环境，最终为改善饥饿和贫穷作贡献。

CIAT有近800位工作人员，大约有120人是从37个国家招聘来的技术研究工作者，其他大部分工作人员来自于哥伦比亚。在哥伦比亚的总部面积552公顷。此外，在哥伦比亚境内建有4个试验站：（1）基利乔（Quilichao）试验站，面积184公顷；（2）波帕扬（Popayan）试验站，面积73公顷；（3）圣罗莎（Santa Rose）试验站，面积30公顷；（4）卡利马瓜（Carimague）试验站，与哥伦比亚农牧业研究所共用，面积22 000公顷。该中心在乌干达设有非洲区域办事处，在老挝设有亚洲区域办事处，在加勒比海地区（尼加拉瓜）设有中美洲区域办事处。同时，还在以下不同国家也设有办事处：玻利维亚、巴西、洪都拉斯、意大利、肯尼亚、马拉维、尼日利亚、坦桑尼亚、泰国、乌干达、美国、越南、津巴布韦。CIAT在以下五大领域开展研究：作物改良，生物多样性的保存、研究和利用，病虫害治理，生产体系以及土地管理。主要开展木薯、热带牧草、豆类、水稻等作物的研究。研究手段有：地理信息系统（GIS）、环境指标和承受力指标、生物技术和一些参与性的实践。

CIAT 与中国的合作开始于 20 世纪 80 年代初期，最早是与中国华南热带作物科学研究院（现中国热带农业科学院）建立了科技合作关系。1982 年，中国科学家访问 CIAT 时引进了圭亚那柱花草 No. 184（*Stylosanthes guianensis* CIAT 184）。中国热带农业科学院、广东省畜牧饲料牧草处引种选育成品种热研 2 号（Reyan No. 2），先在海南省种植，后在广东省推广，面积达 50 000 公顷，现已成为中国热带和亚热带的主要牧草品种。

网址： http：//www. ciat. cgiar. org

2. 国际热带农业研究所

国际热带农业研究所（International Institute for Tropical Agriculture，IITA）成立于 1967 年，总部设在非洲的尼日利亚，是国际农业研究磋商组织成员之一。该所的使命是：通过发展研究，为提高非洲食品安全和人民生活水平作出贡献；保持生物多样性和可持续发展；通过基因改进生产成果，降低成本；通过农业多样化提高产品价值，改善农村贫困；实现水资源、土地资源和森林资源的可持续利用和管理，以及改进政策和进行制度创新。该所有遍布于非洲地区的国际科学家 100 多名，科研经费主要来源于世界 30 多个国家和地区的支持。2007 年年度经费为 4 800 万美元。主要开展以粮食作物为主的研究开发，如：木薯、香蕉、玉米、豌豆、鹰嘴豆、马铃薯。同时进行农业与健康、农业多样性研究。该所研究机构主要分布在尼日利亚，如在该国的阿瓜斯、阿布贾、卡罗等地有 6 个研究分支机构，在非洲其他一些国家也设有研究机构，如：贝宁、喀麦隆、刚果（金）、加纳、肯尼亚、马拉维、莫桑比克、坦桑尼亚、乌干达。同时，在英国也设有办事处。

网址：http：//www.iita.org

3. 国际干旱地区农业研究中心

国际干旱地区农业研究中心（International Center for Agricultural Research in the Dry Areas，ICARDA）创建于1975年，总部位于叙利亚的第二大城市阿勒颇。它既是一个研究中心，也是一个培训中心。其宗旨是力求增加干旱地区的作物产量，提高农村生活水平。中心致力于促进农业研究发展、种质交换和信息交流、知识产权保护、人力资源开发和自然资源可持续利用、减少贫困人口。该中心设主任1名，有高级研究人员160名左右。研究范围东起巴基斯坦，西到摩洛哥，南自苏丹，北达土耳其。整个研究区域属地中海气候，夏季干热，冬季相对湿冷，年降水量200～600毫米。科研重点为该地区大面积干旱和半干旱地区的非灌溉农业，包括综合病虫害、基因库、种子系统及农作物品种研究，目的在于提高和稳定该地区的粮食产量，增加收入及保护自然资源，以确保粮食安全和人民生活水平的提高。

网址：http：//www. icarda. org

4. 国际半干旱地区热带作物研究中心

国际半干旱地区热带作物研究中心（International Crops Research Institute for the Semi-Arid Tropics，ICRISAT）成立于1972年，总部设在印度的海德拉巴，在撒哈拉沙漠以南的两个地区设有研究中心，拥有4个国家级办公室。该中心也是国际农业研究磋商组织的15个成员之一，是一个非营利性、非政治性组织。主要与国际合作伙伴从事基于亚洲和撒哈拉沙漠以南地区的农业研究，促进地区发展，以帮助贫困人口克服饥饿和生活环境恶化。主要进行高粱、珍珠粟、鹰嘴豆、木豆和花生的遗传改良；研究种植机制和栽培技术；分析半干旱地区农业发展的社会经济及其他方面的社会因素，寻找解决这些问题的措施和方法；保护环境，提高食品安全，消灭贫困和保存热带半干旱地区的作物遗传资源。拥有研究人员200多名，研究范围包括总面积达650万平方千米的55个国家的逾20亿人口。

网址：http：//www.icrisat.org

5. 国际粮食政策研究所

国际粮食政策研究所（International Food Policy Research Institute，IFPRI）成立于1975年，总部设在美国华盛顿，是国际农业研究磋商组织的15个成员之一，受到64个政府、私人团体、国际及地区性组织的支持。其目标是通过对农业、畜牧业、林业、渔业、政策及自然资源管理等方面的科学研究和相关活动，来寻求克服饥饿和贫困的可行性方法，为每个人提供充足而安全的食物，解决营养不良问题，以保障人类的基本权利。拥有研究和管理人员近400名。该中心与其他国际农业研究磋商组织成员、大学及专业研究机构合作，希望为各国和各地区的政策制定者提供例如如何在发展中国家以低成本提高食品安全的政策知识，以解决各个国家和地区的食品政策问题。

网址： http：//www. ifpri. org

6. 国际水资源管理研究所

国际水资源管理研究所（International Water Management Institute，IWMI）成立于 1984 年，总部位于斯里兰卡的科伦坡，是国际农业研究磋商组织的 15 个成员之一，是一个非营利性组织。其宗旨是通过采取先进的政策、技术、机构设置和管理办法，承担全球范围的研究和项目，以改进水资源和灌溉管理。该研究所的研究主要围绕水资源、土地、生活水平、健康和环境开展，集中在农村地区的水资源和土地资源管理领域。目前拥有工作人员 350 名，办公场所位于亚洲和非洲十几个国家。该组织的目标是改善土地和水资源的管理，从而有利于食物生产和环境保护。其研究议程围绕四个主要课题展开：水资源可利用量及其使用、生产用水、水质与环境健康、水资源与社会。组织与合作者共同研究针对政策制定者、发展机构、农民和私人团体的措施。

网址： http：//www. iwmi. cgiar. org

7. 国际林业研究中心

国际林业研究中心（Center for International Forestry Research，CIFOR）成立于1993年，总部位于印度尼西亚的茂物，是一个致力于环境保护和人类发展的非营利性全球组织，通过研究并提供专家分析以帮助政策制定者制定能够提高热带雨林管理和使用水平的合理性政策，帮助人们转变对待森林的传统看法。中心现有科研人员106名。该组织的多学科综合研究方法能够发现导致森林退化的各种隐性因素，其中包括农业、公共设施发展、商业、投资政策以及法律执行对森林的影响。另外，该组织还就应对气候变化、解决经济全球化带来的问题以及热带雨林的持续性进行大量研究。

网址： http：//www. cifor. cgiar. org

8. 世界农用林学中心

世界农用林学中心（World Agro-Forestry Center，ICRAF）于 1977 年在肯尼亚首都内罗毕成立，是国际农业研究磋商组织（CGIAR）下属的一个国际性、自治的、非营利性的研究机构。该中心主要在非洲、亚洲和拉丁美洲的 20 多个国家开展工作。其根本任务是改善农林体系，减缓热带森林的砍伐、土地资源的消耗和消灭农村贫困。中心作为一个国际性组织，其宗旨是改善发展中国家人民的社会、经济和营养条件，通过研究及相关的活动，把多年生树木的营造与农业及相关土地利用制度结合起来，以便提高生产力、增加效益和保护自然资源。中心的研究活动主要集中在潮湿、半潮湿和半干旱这 3 个热带农业生态地区进行。中心努力通过混农林体系的建立，在不破坏生态环境的条件下，促使发展中国家更有效地利用土地资源；鼓励和支持与这一体系有关的科学研究和培训；促进混农体系相关信息的收集与交流；支持混农体系的国际合作，以便提高发展中国家人民的社会、经济和营养水平。

网址：http：//www. worldagroforestrycentre. org

9. 国际畜牧研究所

国际畜牧研究所（International Livestock Research Institute，ILRI）成立于1995年，总部位于肯尼亚的内罗毕，是一个非营利性、非政府组织。研究所的宗旨是展开关于家畜与贫困问题相关方面的工作，开展高质量的科学研究和科研能力建设，致力于贫困养殖户及其社区的脱贫减困和可持续发展。该组织主要有5个相互交叉的研究主题，即研发定位、增强创新、市场机遇、生物技术以及人、家畜和环境，着重解决发展中国家家畜生产的3个主要制约因素，即：市场销售困难、生物技术及遗传资源利用不足和自然资源整合不充分。其研究领域不仅包括家畜，还包括提供高技术水平以减少贫困和实现可持续发展。该研究所在埃塞俄比亚首都亚的斯亚贝巴拥有重要的研究场所。拥有来自大约40个国家的超过700人的工作人员，其中大约80名是通过国际竞争招聘的，代表了30多个不同学科，其余的工作人员均从肯尼亚和埃塞俄比亚招聘而来。其主要研究地区在非洲、南亚、东南亚和中国。该组织2001年在中国农业科学院设立了驻中国办事处，2004年在中国农业科学院畜牧研究所成立了“CAAS-ILRI畜禽牧草遗传资源联合实验室”，2010年同中国热带农业科学院签署了“CATAS-ILRI科技合作协议”。

网址： http：//www. ilri. org

10. 世界渔业中心

世界渔业中心（World Fish Center，WFC）成立于1977年，是一个自主的非营利性组织，总部设在马来西亚的槟榔屿，并在孟加拉国、柬埔寨、喀麦隆、埃及、新喀里多尼亚、菲律宾、马拉维、所罗门群岛等10个国家和地区设有研究室和代表处。1992年，世界渔业中心成为国际农业研究磋商组织的研究中心之一。该中心致力于为非洲、亚洲和南太平洋地区的水产业和渔业提供科学的服务和解决方案，以帮助其解决贫困、饥饿以及环境恶化问题。现有来自50多个国家的250名科研人员，其中有来自亚洲、非洲、太平洋地区8个国家的38名博士研究人员。中心有两个主攻方向：更高产、更富有弹性的小规模渔业生产和可持续发展的水产业。这两个主攻方向为千年发展目标作出了巨大的贡献，特别是在减少贫困、提高自然资源的利用率、增强适应气候变化能力等方面。经济分析表明，该中心每年每100美元的投入可以创造134美元的收益。由于水产业和渔业所面对问题的复杂性，中心采取一系列多学科、多层次的研究方法，积极加强与市场及其他研究机构的联系，以求更好地解决各种问题。

网址： http：//www. worldfishcenter. org

11. 国际生物多样性中心

国际生物多样性中心（International Bioversity Center，IBC）成立于2006年，总部位于意大利的玛格利兹，是国际植物遗传资源研究所（IPGRI）和国际香蕉和大蕉改良网络（INIBAP）的经营名称。国际植物遗传资源研究所成立于1974年，1994年1月正式成为国际农业研究磋商组织的15个成员之一。该中心是国际上致力于研究生物多样性的领导组织，通过与世界各相关组织的合作来解决因微量营养素流失而导致的营养不良问题以及隐蔽性饥饿、食物供应和耕种系统的持续性、保持农业多样性等问题。该中心同时提供有利于经济持续发展的政策信息和分析。它在世界各地100多个国家设有分支机构，依赖于捐助者的支持开展工作。捐助者们不仅提供资金支持，还提供丰富的遗传资源开发专业知识帮助。国际生物多样性中心在英国注册了一个慈善机构，进行宣传推广工作，筹集资金，接受来自国家核心小组和世界银行的自由捐助和来自联合国机构、国际发展组织、国家、大学、基金会及私人公司的有限制的具体项目赠款。现有来自世界20多个国家和地区的350多名科研人员。该中心的管理机构是中心的董事会，每年举行两次董事会会议，审批组织框架，商讨发展目标，制订发展计划。

网址：http：//www.bioversityinternational.org

12. 国际玉米小麦改良中心

国际玉米小麦改良中心（International Maize and Wheat Improvement Center，CIMMYT）成立于1966年，总部位于墨西哥的埃尔巴丹，是国际农业研究磋商组织的成员之一，是一个非营利性的研究和培训机构。改良中心的宗旨是通过从事玉米、小麦的研究，为发展中国家造福；通过强有力的科研工作和有效的合作，共同创造、分享和利用知识及技术，以保证发展中国家的粮食安全，提高种植制度的生产力和收益率，保护自然资源的可持续发展。该中心与世界各地的公共组织、私人企业、学术机构以及牧民组织展开积极的合作，同时它还免费分享高产玉米和小麦品种，提供有利于提高产量的耕作方法。通过这些活动帮助农民提高产量，应对气候变化和资源的退化及消失。该中心现有来自世界40多个国家的105名专业研究人员及500名相关工作人员，每年的研究经费大约5 000万美元。其经费来源于国际和地区发展机构、政府、私人团体和企业等方面。

网址： http：//www. cimmyt. org

13. 国际马铃薯中心

国际马铃薯中心（International Potato Center，CIP）成立于 1971 年，总部位于秘鲁的利马，是国际农业研究磋商组织下属的国际性研究机构之一。作为一个非政府、非营利的学术研究机构，该中心的主要宗旨是通过马铃薯、甘薯和其他安第斯块根、块茎类作物的研究与开发，对安第斯地区自然资源的有效管理，帮助发展中国家提高块根、块茎类作物的生产能力，在可持续发展的基础上，减少发展中国家的贫困，并保证这些国家的粮食安全。目前该中心的全球性研究内容包括：马铃薯、甘薯、安第斯块根、块茎类作物、安第斯自然资源的管理等方面。主要研究涉及领域有：消除晚疫病，改良马铃薯种植技术，马铃薯实生种子，薯类作物病虫害综合防治，甘薯品种遗传改良，块根、块茎产后加工，保存生物多样性，山地农业生态管理系统等。该中心拥有遍及世界的研究室和合作伙伴网络，有一支 200 多名来自 25 个国家的国际研究队伍，如今有超过 40 个资助团体和个人。该中心在中国北京正在建设国际马铃薯中心亚太分中心。

网址：http：//www.cipotato.org

14. 国际水稻研究所

国际水稻研究所（International Rice Research Institute，IRRI）成立于 1960 年，总部位于菲律宾的洛斯巴诺斯，是国际农业研究磋商组织下属的国际性研究机构之一，也是亚洲最大最早的农业研究机构，代表机构分布在 14 个国家。该机构有来自世界众多的捐赠者和发展伙伴的支持。该机构有“亚洲的绿色（生态）革命之家”之称，在过去 40 多年的区域食品安全方面扮演了重要的角色。该机构致力于帮助占世界上一半人口的亚洲国家提供生存所需的食物。该机构主要力量是机构的 1 300 名员工，大部分员工在总部菲律宾工作，还有一部分在各个国家代表机构工作。该机构聘请的是国际上该专业领域最优秀的科学家。该机构的使命是缓解贫穷和饥饿状况，提高水稻生产质量和购买者的健康状况，保证水稻产量持续增长。中国和该机构在水稻生产方面合作了 30 多年，双方的合作对亚洲水稻的发展产生了积极的影响。在 19 世纪 70 年代末，中国是第一个成功生产杂交水稻的国家。中国和该机构在合作的前 10 年进行了杂交水稻的基础研究。该机构在中国杂交水稻发展方面发挥了重要作用。

网址：http：//www.irri.org

15. 非洲水稻中心

非洲水稻中心（Africa Rice Center，AfricaRice）成立于1971年，总部位于贝宁的科托努，是国际农业研究磋商组织下属的15个国际农业研究机构之一，是一个泛非洲研究组织。该组织的使命是通过研究与合作活动，提高以水稻为主的种植制度的持续生产力，同时保护自然资源，特别是为非洲地区贫困农村和粮食安全提供保障。研究目标是在保证农业环境可持续发展的基础上，增加水稻的生产和收益，使该地区的贫苦农民摆脱贫困。其研究领域主要集中在综合水稻生产体系和水稻政策和发展研究方面。中心最初由11个非洲国家组成，该名称从2009年9月开始使用，前称为西非水稻发展协会。目前该中心共有24个成员国，涵盖了西非、中非、东非和北非地区。该中心通过与国际农业研究组织、学院机构、研究团体等各组织的全方位合作来实现正常运作。

网址：http：//www. africaricecenter. org

【世界热带农业科技机构概况】

热带农业科技国际组织

16. 联合国粮农组织

联合国粮农组织（Food and Agriculture Organization of the United Nations，FAO）成立于1945年，总部设在意大利罗马。FAO是联合国成立的第一个专门机构，主要由大会、理事会和秘书处组成。大会是最高权力机构，其职责是确定政策，通过预算和工作计划，向成员国或其他国际组织提供有关粮食问题的建议，审查本组织所属机构的决议和接纳新会员和主席，任命秘书处总干事。理事会隶属于大会，在大会休会期间执行大会所赋予的权力。理事会由1名独立主席和49名理事组成。宗旨是提高成员国国家人民的营养水平和生活标准，改善所有食品和农业产品的生产和分配，改进农村人口生活条件，由此对世界经济的增长和保证人类免于饥饿作出贡献。FAO每2年召开一次大会，至少举行3次理事会。此外，还有地区性会议及众多的委员会会议。FAO向成员国提供世界粮食形势的分析报告和统计资料，对世界粮食领域的重要政策提出建议；帮助发展中国家研究制定发展农业的总体规划和专业规划，按照规划向多边援助机构和发达国家寻求援助和贷款，并负责实施援助项目，提供国际农产品市场形势分析和贸易量预测，促进农产品的国际贸易；通过提供资料、召开各种专业会议、举办培训班、提供专家咨询等形式推广新型、适用农业技术等。中国是FAO成员国之一。1971 年 11 月，FAO 理事国第五十七届会议通过决议，接纳中国作为正式会员参加该组织。1973 年 9 月，中国向该组织派出常驻代表，并建立了中国驻粮农组织代表处。1983 年 1 月，粮农组织在北京设立代表处。FAO 在华联系单位为中国农业部。

网址： http：//www. fao. org

17. 国际农业合作组织

国际农业合作组织（International Cooperative Agriculture Organization，ICAO）建立于1951年，秘书处设在韩国首尔，是一个代表世界农业合作团体和广大农业生产者的民主组织。该组织代表了来自24个国家的27个农业合作组织，其中有4个农业合作组织来自非洲、4个来自美洲、8个来自亚洲太平洋地区、还有11个来自欧洲。该组织的目标如下：（1）通过举行国际研讨会来交流专业领域的工作经验；（2）促进发展中国家的农业合作以增强食品安全；（3）提高农产品的分配情况；（4）采取具体措施来保护环境。为了实现这些目标，该组织与以下组织进行了紧密合作：联合国粮农组织、世界贸易组织、欧洲农业合作总务委员会、国际农业生产者联合会、欧盟以及其他农业组织。2010年9月1日，国际农业合作组织大会和联合学术研讨会在中国北京举行。会议的主要内容如下：（1）农业的可持续发展和合作方法；（2）鸡舍农业模式；（3）准备如何应对气候变化；（4）对非洲农民的公平贸易；（5）为小农业生产者争取进入市场的权利。

网址： http：//www. agricoop. org

18. 国际农作物科学学会

国际农作物科学学会（International Crop Science Society，ICSS）成立于1992年，秘书处设在美国威斯康星州。该学会致力于促进农作物科学家之间的交流。从1992年在美国举行的第一届国际农作物科学会议开始，该学会成功举办了多届国际农作物科学会议。国际农作物科学会议每4年举行一次，为全球的农业科学家提供一个论坛，让他们在此交流思想并将分散的最新知识成果整合成为世界的篇章。这些会议上积聚了关于如何提高农作物科学的想法，这些想法能在各个方面帮助全世界应对各种各样潜在的挑战和危机。该学会的使命是促进农业产量持续提高，而这种产量的提高又必须是质和量方面的双重提高，以便满足人类对食物和工业原料的需求。2012年8月6—10日将在巴西举行第六届国际农作物科学会议。

网址： http：//www. intlcss. org

19. 国际园艺科学学会

国际园艺科学学会（International Society for Horticultural Science，ISHS）1959年成立于法国巴黎，总部设在比利时。宗旨是促进和鼓励各部门园艺科学的研究和教育，并在全球范围内通过举办研讨会、出版学术刊物和进行科技合作来促进园艺领域各个学科的发展。工作语言为英语。主要活动：举办国际园艺大会（International Horticultural Congress）、专题讨论会、专业委员会会议，交换信息和促进国际合作；组织参观和展览。出版的外文期刊有《园艺学报》、《国际园艺研究》、《国际园艺学会会议论文集》、《园艺记事》等。设4类会员：（1）代表各国的理事会成员，每个国家可指定不超过3名园艺科技人员作理事，但仅有1个投票权；（2）个人会员；（3）荣誉会员；（4）联系会员（学术团体、研究院、大学等）。该组织现有99个国家和地区的169个团体会员和30 000多名个人会员。它鼓励国际合作的发展，汇集科学和技术人才，以刺激、促进和协调研究，并在全球范围内开展科学活动。

网址： http：//www. ishs. org

20. 国际作物生命协会

国际作物生命协会（Crop Life International，CLI）是一个代表全球植物科学行业的组织，秘书处设在比利时布鲁塞尔。作为行业的代表，CLI致力于作物的保护、农业生物技术和种子生产的发展，不断寻求加强农业可持续发展的方法，以保障农民、消费者权益和环境利益。CLI旨在为同行提供透明的信息，并欢迎与在粮食和农业的未来话题上志同道合的伙伴开展公开对话。CLI同样致力于保障农产品安全，以便为消费者提供安全、多样、健康、实惠的饮食。该组织与世界上91个国家具有联系，活动经费由协会会员和协会中以研究和发展为导向的成员公司提供。主要任务是：（1）携手促进农业的可持续发展；（2）呼吁协会股东同有着以促进农业可持续发展为共同目标的组织机构开展对话与合作；（3）促进各植物科学行业提供的科技研究成果之间的互通有无并加强其与一些商业机构间的紧密合作。为此，该协会将做到如下几点：（1）满足人类对食品以及纤维素的需求；（2）加强农业经济赖以生存的农业原材料的质量；（3）高效利用现有技术、不可再生资源和土地农业资源；（4）适当整合农业生态循环与农业控制；（5）维持农业经营的经济生存能力；（6）提高农民以及整个社会成员的生活质量。

网址：http：//www.croplife.org

21. 世界畜产协会

世界畜产协会（The World Association for Animal Production，WAAP）成立于1965年，总部设在意大利罗马。宗旨是通过国际合作，回顾畜牧生产中存在的如科学、技术和教育方面的各种问题，并以解决这些问题为目的，促进世界畜牧生产大会的召开。1965年初建时有8个国家和地区会员。至1998年有18个国家和地区的19个会员。设有世界大会（World Conference）、理事会。理事会的执行委员会由主席、前任主席、4名副主席、秘书长、FAO联络官等8人组成。各分会派代表作为理事会理事。下设国家或地区分会。该协会不定期出版《通讯》。每5年召开一次世界畜产大会（World Conference），规模1 000人；并协助各分会开展活动。与中国关系：中国畜牧兽医学会经中国科协向国家科委申请加入WAAP，1992年9月以国科外发字［92］635号文批准同意。学会于1993年1月1日以国家学会名义加入世界畜产协会。

网址：http：//www.waap.it

22. 国际观赏植物业组织

国际观赏植物业组织（The International Organization for the Ornamental Plants Industry，Fleuroselect）于1970年5月29日在德国法兰克福成立，目前其秘书处设在荷兰的诺德惠克，是一个国际性组织。它的主要活动包括：测试、保护和开发花的新品种。该组织的71个成员包括观赏品种的育种者、生产者和销售者。育种者致力于开发更优质的品种，这些新品种的优势在于能帮助在供应链环节增加利润，并最终获得更大的消费者认可度、被消费者接受甚至成为消费者的必需品。这就意味着新品种有着令人喜爱的新颖颜色、更长的花期、更怡人的花香以及更强的抗病害能力和气候适应能力。为了支持和鼓励新观赏品种的开发，该组织开展了新品种的温室试验。通过这些试验，新品种的新颖、实用性、质量和独特性得以塑造。新品种能够获颁的奖项有：Fleuroselect 新颖奖、质量奖和金牌胜利者奖。所有被验证为具有创新性的新品种都会被授予 Fleuroselect 新颖奖。Fleuroselect 金牌奖是颁给明显超越了育种和美感局限的新品种。与现有的品种相比较，有了明显改善的品种能获颁 Fleuroselect 质量奖。世界上的专业种植者和业余园林家都把 Fleuroselect 奖项当成新品种具非凡优点的证明。

网址： http：//www. fleuroselect. com

23. 热带雨林联盟

热带雨林联盟（The Rainforest Alliance，RA）成立于1986年，总部设在美国纽约，其代表机构遍布美国乃至全球。该组织活跃在70多个国家，并将继续扩展研究范围，力求兼顾农业、林业、旅游业的发展和环境的保护、社会生产力和经济的提高。该组织促进和保证农业发展。比如在热带水果方面，该组织着重研究香蕉、菠萝、芒果、油梨、番石榴和柑橘。该组织还与可可和巧克力公司、公共机构、地方组织以及农业协会合作，致力于鼓励生产者在保持健康环境和良好工作条件的前提下进行可可农业的发展工作。“市场责任”网站是热带雨林联盟与自然保护组织联合创立的网络组织。由该组织举办的第四届国际会议和技能专题会于2011年6月在中国上海举行。而之前也有多届类似会议在中国举行，例如2009年9月8—9日在中国上海举行的以森林、市场、政策和实践为主题的国际会议。

网址：http：//www. rainforest-alliance. org

24. 国际热带木材组织

国际热带木材组织（International Tropical Timber Organization，ITTO）由联合国于1986年成立，秘书处设在日本横滨。当时国际社会普遍开始关注热带雨林的不断减少。热带国家把热带木材贸易作为其经济增长的主要方式，热带雨林砍伐率增加。为调和热带雨林减少的威胁和热带国家经济发展之间的矛盾，在联合国支持下建立了国际热带木材组织。其成员包括世界80%的热带雨林国家和全球90%的热带木材贸易商。该组织不仅负责制定与热带雨林资源保存、可持续管理、利用和贸易相关的政策，还通过一系列范围界定研究和活动来帮助成员实施这些政策。实施这些政策的组织包括政府、居民社区以及私人团体等国家和地方组织。组织活动覆盖了热带雨林管理，热带林木和其他森林产品的营销和交易，以及森林产业的发展等有关项目。例如在8个国家建立跨国保护区；创造就业机会和提供高附加值的林木生产方法来提高贫困地区的人民生活水平；增强热带林木交易的透明度。运行资金主要来自日本、瑞士和美国的政府以及伊藤洋华堂等私人机构。截至2008年11月，该组织的项目总值约3亿美元。

网址：http：//www.itto.int

25. 国际橡胶研究与发展委员会

国际橡胶研究与发展委员会（International Rubber Research and Development Board，IRRDB）成立于1960年，由成立于1937年的国际橡胶研究委员会（International Rubber Research Board，IRRB）与国际橡胶发展委员会（International Rubber Development Committee，IRDC）合并而成，是目前最重要的天然橡胶科技专业国际组织。它是一个关于天然橡胶生产研究与发展的组织，委员会成员基本包括所有天然橡胶生产国的研究机构，覆盖世界上大约95%的天然橡胶生产。IRRDB现有成员国19个，有中国、巴西、加蓬、法国、柬埔寨、科特迪瓦、喀麦隆、墨西哥、尼日利亚、菲律宾、马来西亚、斯里兰卡、泰国、印度、印度尼西亚、越南、缅甸、危地马拉和埃塞俄比亚。这些组织之间的相互合作使其具有3个方面的优势：（1）在一个灵活而谨慎的信息平台上加强联系；（2）共享各成员的经验，共同应对出现的问题；（3）避免重复工作，集中成员的经济资源来解决对于某一个成员来说无法应对的研究活动。该组织的创立可以追溯到1934年。当时成立的国际橡胶管理委员会是为了保护天然橡胶生产者免受20世纪30年代中期的极端低价格的影响，同时为了管理生产和出口与需求相匹配。另外，该委员会也意识到战略性研究和发展的重要性，因此，于1937年创立了国际橡胶研究委员会和国际橡胶发展委员会来进行研究发明的商业运作。这两个机构于 1960 年合并，成立了国际橡胶研究与发展委员会。如今，该委员会的工作已经涵盖了从三叶胶种植到新产品研发的所有关于天然橡胶的领域。1980 年，经中国科技部、财政部、农业部批准，中国热带农业科学院代表中国正式加入国际橡胶研究与发展委员会。中国自加入该组织以来，参加了该组织的一系列活动，如合作研究、技术培训、种质交换、资料互通等。1981 年，中国参加了 IRRDB 组织的亚马孙河流域联合采集巴西三叶橡胶野生种质的活动，并获得了 7 000 份野生橡胶种质。这些宝贵种质资源已经成为中国培育胶木兼优和高抗（包括抗寒、抗旱、抗病）的育种材料。2004 年，中国热带农业科学院郝秉忠、吴继林 2 位专家荣获该组织颁发的国际天然橡胶研究金奖；2004 年、2006 年，中国热带农业科学院陈秋波教授分别当选该委员会的副主席和主席；中国每年派代表参加该组织的年会暨学术讨论会，并于 1983 年、1990 年、1999 年、2004 年、2010 年先后成功承办了该组织的年会和学术讨论会。

网址： http：//www. irrdb. com

26. 天然橡胶生产国协会

天然橡胶生产国协会（Association of Natural Rubber Producing Countries，ANRPC）成立于1970年，秘书处设在马来西亚吉隆坡，是政府间组织，会员资格对天然橡胶生产国的政府开放。截至2010年6月30日，该组织共有11个成员：柬埔寨、中国、印度、印度尼西亚、马来西亚、巴布亚新几内亚、菲律宾、新加坡、斯里兰卡、泰国和越南。2010年，这11个国家大约占据了全球天然橡胶生产的92%。组织目标是通过不断提高橡胶产量、降低成本、增加附加值来提高胶农福利，建立一个经济上可行的、社会和生态可持续的天然橡胶工业。该组织是成员国之间关于天然橡胶产业的信息和数据的来源，同时也作为橡胶生产者利益分析和政策讨论的国际论坛。其具体职能包括：（1）作为天然橡胶产业的信息中心；（2）促进有利于橡胶生产的各项活动的开展；（3）通过研究，促使天然橡胶生产成为一种环境友好型产业；（4）通过对橡胶产业的研究，发现短、中、长期的机遇和挑战；（5）与国际相关机构建立联系，共享信息和进行技术合作；（6）给成员国政府提供政策建议。

网址： http：//www.anrpc.org

27. 国际橡胶研究组织

国际橡胶研究组织（International Rubber Study Group，IRSG）成立于1944年，总部位于新加坡，是一个包括橡胶生产国和消费国在内的政府间组织。该组织旨在建立商讨关于天然橡胶和合成橡胶供应和需求等方面问题的平台，为橡胶产业提供包括天然橡胶及橡胶产品生产、消费和贸易等方面的权威数据统计和分析。秘书处的职责是统计当前橡胶生产、消费和贸易数据，分析未来橡胶产业的供求趋势，为橡胶产业者提供服务。IRSG面向各国政府招纳会员。目前，由以下16个国家和欧盟组成：比利时、喀麦隆、科特迪瓦、法国、德国、印度、意大利、日本、马来西亚、尼日利亚、俄罗斯、新加坡、西班牙、斯里兰卡、泰国和美国。IRSG的成员机构与对橡胶行业有兴趣的机构都可以成为联营公司委员会委员。联营委员会成立于1990年，面向任何与橡胶行业有关的组织开放。该组织旨在促成行业之间更好地互动并营造双赢的合作。联营公司的小组成员为公司和组织提供利于资金高效利用的有价值的信息。其成员包括主要天然橡胶生产国组织，主要合成橡胶生产商、贸易商，世界最大的轮胎及其他橡胶产品制造商，以及领先的橡胶产业顾问。内部提供的服务不断得到改善，体现了成员的巨大价值。

网址： http：//www.rubberstudy.com

28. 国际热带水果网

国际热带水果网（International Tropical Fruits Network，ITFN）秘书处设在马来西亚雪兰莪州，是在联合国粮农组织支持下的一个独立、自主经营的全球性网络。它本质上是政府间的也是学会间的组织。它的使命和角色是促进热带水果产业可持续发展，并将这种发展与产品生产、保鲜、加工、销售、消费和世界贸易紧密联系起来。该组织的核心商务有：信息交流，咨询，国际贸易和营销，技术交流，培训，研究和发展，产品保鲜、加工，人体营养和健康以及促销。值得关注的是由该网络组织举行的第五届国际热带亚热带水果研讨会将于 2012 年 6 月 18—22 日在中国广州举行。而第七届国际保鲜研讨会将于 2012 年 6 月 25—29 日在马来西亚首都吉隆坡的普特拉世贸中心举行。

网址：http：//www. itfnet. org

29. 国际香大蕉改良网络

国际香大蕉改良网络（The International Network for the Improvement of Banana and Plantain，INIBAP）成立于1985年，主要办公室设在法国的蒙彼利埃，另在哥斯达黎加、菲律宾、喀麦隆和乌干达设有区域办公室。该组织从国际层面组织协调国际香大蕉研究发展工作，其成员国包括了世界香蕉主要生产国，并在比利时KUL建立种质交换中心，收集保存世界香大蕉种质资源1 300份。改良网络的主要目标是组织和协调全球香蕉种质资源的保存、评价、改良和测试；促进世界各国在香蕉生产方面的合作与联系；支持和资助香蕉资源收集和信息交流合作。主要项目有：全球香大蕉品种测试项目；香大蕉种质信息共享网络系统建设项目；各成员国香大蕉资源的保存、繁殖和分发项目。改良网络设立了四个地区网络：拉丁美洲和加勒比海网络（MUSALAC）、亚太网（ASPNET）、西部和中部非洲网络（MUSACO）、东部与南部非洲网络（BARNESA）。各地区网通过其成员国实施相关项目，并鼓励各成员国利用INIBAP提供的资源和信息，结合本国的香蕉研究项目开展工作。香蕉种质资源日益呈现出收集范围全球化、资源管理系统化、保存设施现代化、技术规程标准化、共享服务信息化的发展趋势。目前，国际香大蕉改良网络等国际组织及香蕉种植国间的合作日益频繁，大大促进了资源共享。除国际组织外，厄瓜多尔、洪都拉斯、哥斯达黎加、印度、越南、中国、泰国、缅甸、印度尼西亚、危地马拉等主产国都非常重视收集和保存香蕉种质资源，从 20 世纪 50 年代开始，至今已收集到丰富的香蕉种质资源。

网址：http：//bananas. bioversityinternational. org

30. 全球香大蕉改良组织

全球香大蕉改良组织（ProMusa）成立于 1997 年，秘书处设于法国蒙彼利埃。该组织旨在加强国际病理学家和香蕉育种者之间的联系，以提高育种技术，促进香蕉产业的发展。该组织主要由三个小组构成：作物生产组、作物保护组和作物改良组。主要工作内容有：（1）举办国际会议和工作会议；（2）提供低温储存、胚性细胞悬浮系和寄主抗性筛选的标准化草案；（3）种质资源收集和评估；（4）Mycosphaerella 多样性和 BSV 研究；（5）启动全球香蕉基因组学联合会；（6）表征 B 基因组多样性；（7）生成 A 和 B 基因组 BAC 文库。该组织把不同学科的专家学者聚集在一起，为全球香大蕉研究和发展搭建一个合作交流平台，通过该平台交流病虫害研究，推广高产改良品种及采后技术。它和国际园艺科学学会（ISHS）下的香大蕉分会（The Section for Banana and Plantain，SEBA）建立了合作联盟。ProMusa 的秘书长由世界生物多样性中心（Bioversity International）指派。ProMusa 主要通过组织两年一次的国际学术会议、电子简报《InfoMusa》和电子邮箱等手段促进交流。目前，Musa 知识资源中心正在建设当中。

网址： http：//www. promusa. org

31. 全球香大蕉基因组学联合会

全球香大蕉基因组学联合会（The Global Musa Genomics Consortium，GMGC）是一个国际基因组学研究网络，致力于将香蕉（Musa）作为研究比较基因组学的模式作物来研究基因，以达到创造香蕉新品种的目的。该联合会现有来自24个国家的41个成员单位。在比较基因学中，Musa被认为是了解多倍体无性繁殖作物与生物胁迫和非生物胁迫相关的基因组进化的理想模式植物。联合会成员致力于加强合作，分享材料和资源，包括序列数据、适用技术等。联合会的成果和新品种可公开交流和使用。

网址：http：//www.musagenomics.org

32. 国际椰子遗传资源网

国际椰子遗传资源网（International Coconut Genetic Resources Network，COGENT）秘书处设在意大利玛格利兹，主要开展椰子种质资源的收集、保存、评价、鉴定和开发利用，以及栽培技术方面的研究活动。COGENT的发展目标是通过提高椰子栽培技术和椰子的有效利用，提高椰子产量，促进椰子的可持续发展，增加发展中国家的收入。现有 38 个成员国，分布在东亚、南亚、东南亚地区、南太平洋地区、非洲和印度洋地区、拉丁美洲和加勒比海地区。它的主要任务是协调国家、地区和全球的椰子研究活动，扩展椰子研究领域，促进椰子产业发展。主要开展的活动有：（1）建立国际椰子数据库；（2）鼓励对现有种质资源的保护和利用；（3）采用适当的技术和保存策略来鉴定和预防有害变异；（4）开展技术和种质资源交换，促进椰子生产国研究组织间的合作；（5）开展培训和信息发布活动。

网址： http：//www. cogentnetwork. org

33. 国际可可遗传资源网

国际可可遗传资源网（The Global Network for Cacao Genetic Resources，Cacao Net）主要通过开展鉴定、评估可可种质资源来提高育种水平。它是开展可可种质资源研究利用及育种活动的良好平台。全球可可产业的发展需要依靠广泛的可可种质多样性来培育适应当地生长的优质抗病虫害品种。国际可可遗传资源网旨在优化可可种质资源的保存和利用，以此作为可可产业可持续发展的基础。

网址： http：//www. cacaonet. org

34. 国际咖啡遗传资源网

国际咖啡遗传资源网（International Coffee Genome Network，ICGN）主要通过国际合作来提高咖啡种质研究水平，以实现咖啡生产的可持续发展。ICGN 是一个国际性科技网络，组成机构有咖啡生产国和消费国的大学、研究所和公司等。现有 11 个单位会员，63 个个人会员。它的主要任务是为消费者、加工者和生产者提供高质、经济、绿色的遗传和分子方面的基础信息。ICGN 遵守为提高遗传资源而共同努力的国际承诺。

网址： http：//www.coffeegenome.org

35. 国际热带农业生物技术实验室

国际热带农业生物技术实验室（International Laboratory for Tropical Agricultural Biotechnology，ILTAB）建立于1991年，位于美国密苏里州，任务是开发热带植物生物技术及其产品，用知识和资源来促进热带地区国家的发展。为此，它通过提供研究设备和培训热区国家的年轻科技人员来提高这些国家农业的可持续生产力。该实验室研究的主要作物有水稻、木薯和番茄。研究项目有山药、甘薯、棉花、甘蔗和其他热带及亚热带作物。ILTAB的发展目标是：（1）通过遗传转化来提高木薯产量和品质；（2）研究控制木薯病菌；（3）向欠发达国家进行技术输出。

网址： http：//www.danforthcenter.org

36. 国际植物生理学协会

国际植物生理学协会（International Association for Plant Physiology，IAPP）1981年成立于澳大利亚悉尼。宗旨是促进植物生理学在世界范围内的发展；协助各国和各地区建立植物生理学协会；组织召开地区性的植物生理学术会议。当前重点是促使发展中国家和发达国家植物生理学家之间的交流合作和信息传递，定期出版通讯、简报并预告有关国际学术会议召开的时间和地点。该协会吸收各个国家和地区植物生理学团体参加，无个人会员。截至1993年，拥有包括欧洲、拉丁美洲、亚洲38个国家在内的植物生理学会参加。该协会还是国际科学委员会（ICSU）所属国际生物科学联合会（IUBS）80个学科成员之一。与中国关系：1981年中国首次派代表参加在澳大利亚召开的国际植物学大会。1990年春，中国植物生理学会呈报中国科协国际部申请入会，后经国家科委批准，1990年春，中国植物生理学会以团体名义入会。中国植物生理学会参加了1993年在日本横滨召开的第十五届国际植物学大会及国际植物生理学协会全体会议及1996年在马来西亚吉隆坡召开的第二届亚太地区植物生理学大会。1997年11月在上海召开了第三届亚太地区植物生理学大会。

网址： http：//www. bioversityinternational. org

37. 国际植物病理学会

国际植物病理学会（The International Society for Plant Pathology，ISPP）1968 年成立于英国。1981 年确立现体制，1988 年在法国巴黎设秘书处。宗旨是促进世界植物病理学的发展，传播植物病害防治和植物保健知识。该组织是国际科学委员会（ICSU）所属国际生物科学联合会（IUBS）以及国际微生物学学会联盟（IUMS）的成员，并与联合国粮农组织（FAO）保持联系。每 5 年召开一次国际植物病理学大会（ISPP Congress），规模 2 000 人。不定期召开植物病理学及相关的其他会议。组建下属委员会。与中国关系：经中国科学技术协会批准，1983 年 8 月中国植物病理学会以团体会员名义加入该组织。

网址：http：//www. isppweb. org

38. 国际植物保护科学协会

国际植物保护科学协会（International Association for the Plant Protection Sciences，IAPPS）成立于1946年，总部位于美国内布拉斯加州。1946年第一届国际植物保护大会（International Plant Protection Congress，简称IPPC）在比利时召开，其后每4年召开一次，规模2 000～3 000人；1999年7月在以色列召开的第十四届国际植物保护大会上改为现名；同时该组织的章程和机构作了相应调整和改变。宗旨是在全球范围内开展论坛，讨论适应经济、环境、社会协调发展的植物保护概念、技术和政策，在研究人员、专家、种植者、政策制定者和管理者之间推动植物保护信息的交流与传播。总目标和使命是促进植物保护信息在研究者、推广专家、种植者、政策制定者、管理人员、植物保护顾问以及其他有兴趣的组织之间的传播和交流。以鉴定、评价、综合和提高在经济、环境和社会方面均可被接受的植物保护概念、技术和政策为目的，提供一个全球性论坛。具体目标有：（1）为国际植物保护组织机构管理、监督提供一个综合的传播作物保护信息和技术的主要国际论坛；（2）通过发展国际植物保护科学协会个人会员、分会会员、协会会员和社团会员的方法来影响植物保护科学工作者内部的有计划的整合以及加强其彼此间的联系与交流；（3）建立8个地区性网络，各由一名地区网络协调人（RNC）负责，并在国际植物保护科学协会地区委员会政策指导下工作；（4）促进 IPM 的新进展在研究以及植物保护科学中的应用；（5）在地区和全球范围内启动、协调植物保护科学领域内的研究与推广工作；（6）通过地区网络中心，组织地区性会议，讨论合作研究，推广项目，并为未来研究和导向性推广活动制订计划；（7）主办一个以刊登害虫综合治理研究和推广为特色的植物保护期刊；（8）通过特定的研究和决议，为全球植物保护团体提供建议和政策引导；（9）通过国际互联网站在全球范围传播现行的国际植物保护科学协会章程和植物保护信息；（10）以提高集约植物保护项目的重要性为目的，降低主要作物潜在性的巨大损失（>40%），提高生产率，以满足世界人口不断增长的需求。该组织现有 60 个会员单位。中国于 2001 年，经科技部批准，由中国植物保护学会以联系会员（Affiliation Member）名义加入该组织。

网址：http：//www. plantprotection. org

39. 国际生物化学与分子生物学联盟

国际生物化学与分子生物学联盟（The International Union of Biochemistry and Molecular Biology，IUBMB）1949 年成立于英国剑桥，原名国际生物化学联盟（IUB），1991 年底改为现名。联盟的宗旨是：促进国际生物化学的研究和发展；促进国际上生物化学名词、符号和方法方面的标准化；促进国际范围内生物化学学科水平的提高和国际联系和合作。该联盟每 3 年举办一次（IUBMB Congress）大会，参加学者有 3 000～5 000 人，是该领域规模最大、水平最高的学术大会。支持有关国家或地区进行专题学术活动和教学活动，规模 200～500 人不等。近几届大会 IUBMB 采取与区域性组织共同组织，如欧洲生化学会（FEBS）、亚太地区生化学会（FAOBMB）等。IUBMB 与中国的联系始于 1958 年中国科学院生物化学委员会加入了当时的国际生物化学联盟。1979 年中国生物化学学会成立，1980 年正式以中国生物化学学会名义加入该联盟。

网址： http：//www. iubmb. org

40. 国际农业工程学会

国际农业工程学会（International Commission of Agricultural Engineering，CIGR）1930 年 8 月成立于比利时，原名“Commission International du Genie Rural”，现在的简称仍依据原文为 CIGR。其宗旨是：促进科技进步，推动生物产品和农村发展；鼓励教育和培训，促进青年专业工作者的国际交流；支持和鼓励国际科技及战略性课题的合作；传播和应用农业工程知识；成为世界范围内农业工程师和专业技术人员的主要代表。目标是：建立一个网络系统，即各个国家、区域农业工程不同领域从事科学与技术的协会、学术团体、企业及个人通过该组织建立联系，相互交流，使可持续生物生产体系合理化并得到改进，同时通过工程的进步和在农学、园艺、森林、水产养殖以及新鲜产品加工等领域科学技术的应用，保护自然环境和风景园林，满足人类的需求。为此，CIGR 加强会员间联系与合作，加强与政府、非政府以及国际组织间的合作，促进各国、区域建立农业工程相应的组织，积极开展符合其宗旨和目标的各种活动。中国农业机械—中国农业工程学会联合会 1988 年加入该组织，1989 年以来均组团参加历届大会、年会和工作成员会议。中国农业机械学会 1998 年派代表参加了在摩洛哥举行的 CIGR 大会。

网址：http：//www. cigr. org

41. 国际食品工程协会

国际食品工程协会（International Association for Engineering and Food，IAEF）成立于1977年。宗旨是加强食品工程方面的国际信息交流，支持学术发展，促进食品工程科学和教育发展。现有加拿大、智利、厄瓜多尔、芬兰、法国、德国、希腊、匈牙利、爱尔兰、日本、墨西哥、荷兰、葡萄牙、瑞典、英国、美国、中国等国家的23个食品学术组织参加该协会。1996年，经中国科学委员会批准，中国机械工程学会包装与食品工程分会加入该组织，成为正式会员。

网址： http：//www. iufost. org/isfe

42. 国际食品科学技术联盟

国际食品科学技术联盟（International Union of Food Science & Technology，IUFoST）成立于1970年。1962年英国伦敦召开的第1届国际食品科学技术大会非正式地探讨了建立食品科学家和工艺学家的国际组织的可能性，同年成立了食品科学技术国际委员会。经过该委员会多年工作，1970年5月14日在美国华盛顿举行的第三届国际食品科学技术大会上，正式成立了国际食品科学技术联盟。现有65个会员国和4个区域组织成员。宗旨：由各国代表食品科学技术界的组织自愿参加的非营利的国际性联合组织，在成员组织的科学家和专家之间进行国际合作和科学技术情报交流；支持食品科学在理论和应用领域的国际进展；提高食品加工、制造、贮藏和销售技术；促进食品科学技术的教育和培训。与中国关系：1984年9月中国食品科学技术学会经批准以国家会员名义正式加入该组织，经常组团参加世界食品科技大会，建立并加强中国食品科技界和国际食品科技界的广泛联系，扩大并提升中国食品工业在国际上的影响。

网址：http：// www. iufost. org

43. 国际微生物学学会联盟

国际微生物学学会联盟（International Union of Microbiology Societies，IUMS）前身为国际微生物学会（International Society for Microbiology，简称 IAMS），1927 年 4 月成立于法国帕斯特（Pasteur），有 15 个国家的 34 位代表；1980 年改为现名。宗旨：促进国际微生物学科研究的发展和协作；出版相关学科刊物和建立奖学金；经常组织国际微生物学大会、会议和专题讨论会；加强国际微生物学学会联盟与其他国际组织之间的联系。与中国关系：1980 年经中国科学院、中国科协、国家科委和外交部上报国务院批准，由中国微生物学会参加该组织。

网址： http：// www. iums. org

44. 国际土壤科学联合会

国际土壤科学联合会（International Union of Soil Sciences，IUSS）1909 年由匈牙利发起，1924 年成立于意大利罗马。原名为国际土壤科学学会（International Society of Soil Sciences，ISSS），是基于个人会员的非营利、非政府学术团体的联合会。1998 年改为现名，同时对会员组成进行了调整，加强了该领域学术团体的力量。宗旨：促进土壤学的各个分支学科的发展及其应用；促进科学家以及土壤科学研究和应用工作者之间的联系；推动土壤研究以及研究的进一步应用，造福人类。与中国关系：1979 年 1 月，国际土壤科学学会接纳中国土壤学会为国家学会会员并成为理事会成员。

网址：http：// www. iuss. org

【世界热带农业科技机构概况】

热带农业科技区域组织

亚 洲

45. 东南亚国家联盟

东南亚国家联盟（The Association of Southeast Asian Nations，ASEAN）于 1967 年在泰国曼谷建立，创始国分别是：印度尼西亚、马来西亚、菲律宾、新加坡和泰国。其主要目的是加快东南亚地区经济的增长、社会的发展以及文化水平的提高。一直以来东盟与中国在多领域展开了合作。东盟秘书处和中国农业部在农业方面的具体合作领域如下：(1) 中国将为来自东盟成员国的 100 名专家提供杂交水稻、种植能力、肥料和水资源管理、智能功率模块和其他感兴趣领域的培训，并且中国还将派遣 40 名专家到东盟成员国提供短期的技能服务；(2) 在农业生物技术应用领域，中国将为东盟提供2～3 次的培训；(3) 中国将赠送一些农产品和农业机械给东盟成员国，并为其提供2～3 次农业机械的培训；(4) 在农业产业领域，中国将为东盟的 50 名专家提供培训，并将派遣 20 名专家到东盟国家进行短期服务；(5) 农业技术推广领域，中国将为东盟国家提供 2～3 次培训；(6) 双方还将共同确定在其他感兴趣领域的合作，如食品安全领域等。

网址：http：// www. aseansec. org

46. 亚太经济合作组织

亚太经济合作组织（Asia-Pacific Economic Cooperation，APEC）建立于1989年，秘书处设在新加坡。它是第一个致力于促进亚太地区经济增长、合作、贸易和投资的论坛，也是世界上唯一一个在无约束、公开对话和平等对待所有参与者的基础之上运行的政府间组织。其目标是加快亚太区域的经济增长和繁荣，增强亚太共同体的力量。与世界贸易组织或其他多边贸易机构不同，APEC对参与者没有条约义务要求。该组织内的最终决定是在意见一致的基础上达成，承诺也是在自愿的基础上做出的。APEC的21个成员被称为“成员经济体”，分别是：澳大利亚、文莱、加拿大、智利、中国、中国香港、印度尼西亚、日本、韩国、马来西亚、墨西哥、新西兰、巴布亚新几内亚、秘鲁、菲律宾、俄罗斯、新加坡、中国台北、泰国、美国、越南。他们约占世界人口的40.5%，所创造的GDP约占世界的54.2%，所进行的贸易约占世界的43.7%。该组织从建立以来，一直致力于降低亚太地区的关税及其他贸易障碍，以创造出显著的国内经济增长和出口率的增长。2010年9月17日，胡锦涛主席在北京与APEC的部长进行会谈，提出了增长各成员经济体间交流与合作的更深的包容性建议。

网址：http：//www.apec.org

47. 亚太地区农业科研机构协会

亚太地区农业科研机构协会（Asia Pacific Association of Agricultural Research Institutions，APAARI）成立于1991年，坐落在泰国曼谷。该协会的总体目标是开展农业研究、促进亚太区域的发展，进而帮助引起人们对饥饿、贫穷、环境退化和农业产业持续发展的关注。该协会的使命是通过区域间和机构之间的合作促进国家农业研究系统在亚太地区的发展。为实现其目标，该协会采取了首选项目的区域合作及建立业绩中心信息网。该协会2010年10月在韩国水原市举办了水稻研究合作委员会会议、关于农业可持续发展和亚太区域农业生物多样性保持的国际研讨会，以及亚太地区农业科研机构协会大型会议；2010年11月15—17日在印度新德里举行第五届关于最新用试管和冷冻保存植物遗传基因方法、技能的培训。该协会现有16个成员国，包括印度、菲律宾、孟加拉国、伊朗、斐济、日本、马来西亚、尼泊尔、巴基斯坦、巴布亚新几内亚、萨摩亚、韩国、斯里兰卡、泰国、越南和澳大利亚。任何有意加入该协会的机构都需以书面形式告知该协会的行政秘书。该协会在东南亚、东北亚和太平洋地区都有常任会员。中国、印度尼西亚和新西兰也正在考虑加入该协会。

网址：http：//www. apaari. org

48. 亚太农林委员会

亚太农林委员会（The Asia - Pacific Forestry Commission，APFC）是联合国六大粮农组织区域森林委员会之一，成立于1947—1959年。它的研究区域覆盖了世界上主要的地理区域。该组织是一个研究并采取行动解决森林关键问题的论坛。主要集中于亚洲太平洋地区农林问题的研究，而该区域具有生物多样性和变化迅速的特点。该组织为亚洲太平洋地区的国家提供了广泛的支持，比如：开发最好的管理指南，并为在全国范围和地区实施这些管理指南创造条件。该组织的成员（目前包含亚太地区的33个国家）每2年在全体代表大会上会面一次，主要是为了回顾林业在该地区的发展情况，讨论彼此存在的问题，以及为下一步的工作设立新日程。国际非政府组织和私人企业都可以参加该组织举行的活动。该组织的成员国有：澳大利亚、孟加拉国、不丹、柬埔寨、中国、斐济、法国、印度、印度尼西亚、日本、基里巴斯、韩国、老挝、马来西亚、马尔代夫、蒙古、缅甸、尼泊尔、新西兰、巴基斯坦、巴布亚新几内亚、菲律宾、俄罗斯、萨摩亚、所罗门群岛、斯里兰卡、泰国、东帝汶、汤加、图瓦卢、美国、瓦努阿图、越南。观察员：英国。

网址：http：//www.fao.org/forestry/33587/en

49. 亚太湿热带地区杂粮、豆类、薯类作物研究和开发区域协调中心

亚太湿热带地区杂粮、豆类、薯类作物研究和开发区域协调中心（Regional Coordination Centre for Research and Development of Coarse Grains，Pulses，Roots and Tuber Crops in the Humid Tropics of Asia and the Pacific，CGPRT）成立于1981年，是联合国亚太经济社会委员会（UNESCAP）的附属机构，秘书处设在印度尼西亚西爪哇省茂物市。UNESCAP的成员国均可加入该中心，但中国目前还不是CGPRT的正式成员国。2000年11月22—23日，中国代表首次以观察员身份参加了在茂物召开的CGPRT第十九届董事会，并提交了题为"Current Status and Prospect of Coarse Grains，Pulses，Roots and Tuber Crops Production in China"（中国杂粮、豆类和薯类作物生产现状和展望）的论文，受到大会组织者和与会代表的欢迎。CGPRT研究的杂粮作物是指除小麦、水稻以外的谷类作物，如玉米、高粱、谷子、大麦等；豆类包括大豆、绿豆、鹰嘴豆、木豆、小扁豆、花生等；薯类作物包括芋头、山药、木薯、马铃薯、甘薯等。这些作物大都生长在旱地，对亚太发展中国家的农业生产、粮食安全和农村经济发展起着十分重要的作用。CGPRT的工作目标是：为UNESCAP成员国杂粮、豆类和薯类作物生产

和贸易的发展提供技术服务，以解决粮食问题，开拓就业渠道，增加农民收入和营养水平，促进畜牧业和其他相关产业的发展。中心的功能是：为农业研究网络的发展提供帮助，筹备农业经济研究（包括社会问题）项目，培训国家级研究和推广工作者，收集、加工和发布相关信息。

网址： http：//www/cgprt. org

50. 亚洲蔬菜研究发展中心

亚洲蔬菜研究发展中心（Asian Vegetable Research and Development Center，AVRDC）成立于1971年，总部在中国台湾善化县，由亚洲发展银行、日本、韩国、菲律宾、泰国、美国、越南和中国共同建立，其中中国被授权处理其在亚洲热带的工作。该机构是唯一一个总部设立在华人国家的世界农业研究中心。该机构的亚洲区域中心于1992年设立在泰国曼谷，非洲区域中心于1992年设立在坦桑尼亚阿鲁沙，南亚区域中心于2006年设在印度海德拉巴。自1992年第一个区域总部设立以来，亚洲蔬菜研究发展中心全球性的工作扩展到了撒哈拉沙漠以南的非洲地区、南亚和拉丁美洲。该机构的工作围绕以下四个主题开展：种质、育种、生产和消费。这四个主题是整个蔬菜价值链落实的保证。亚洲蔬菜研究发展中心主要研究、发展的是植物育种、植物病理学 、昆虫学、生物分子育种研究、营养学、社会经济学、收割期后的研究、遗传资源和基因库管理，以及科技传播等。

网址： http：// www. avrdc. org

51. 亚太椰子共同体

亚太椰子共同体（Asian and Pacific Coconut Community，APCC）成立于1969年，秘书处设在印度尼西亚雅加达，是一个政府间的组织，是在联合国亚太经济社会委员会（UNESCAP）的支持下组建的。亚太椰子共同体有17个生产椰子的成员国，他们的椰子生产量和出口量占全世界的90%以上。亚太椰子共同体的成员国有：密克罗尼西亚、印度、印度尼西亚、牙买加、基里巴斯、马来西亚、马绍尔群岛、巴布亚新几内亚 、菲律宾、萨摩亚、所罗门群岛、斯里兰卡、泰国、越南、瓦努阿图、汤加。其中牙买加是会员国。亚太椰子共同体的目标是促进、协调椰子产业的所有活动，而椰子产业维系着无数小农业生产者、椰子产品生产者、加工者和销售者的生计。该组织的使命是帮助成员国发展其椰子产业，具体方针如下：（1）提高产量；（2）降低生产成本；（3）采用综合农作制度；（4）鼓励发展有机农业；（5）促进农场处理水平的发展；（6）促进产品多样化和价值增加，提高副产品的利用率；（7）提高产品质量标准；（8）增加促销活动和研究；（9）协调交易事宜；（10）挖掘人力资源以有效地进行技术传播。

网址：http：//www. apccsec. org

52. 亚太昆虫学会常设理事会

亚太昆虫学会常设理事会（Standing Committee of Asia-Pacific Congress of Entomology，APCE）1989 年成立于泰国。宗旨是开展该地域的昆虫学学术交流与合作。该理事会未设立会员制。举办亚太昆虫学大会时，个人报名并缴纳注册费即可参加讨论及相关活动。该组织理事长由承办大会的国家或地区学术组织机构推选每 4 年一届的主席担任，领导和组织亚太昆虫学大会。主要活动为每 4 年召开一次亚太昆虫学大会。与中国关系：1989 年中国昆虫学会组团参加了在泰国举行的第一届大会和 2000 年在马来西亚举行的第四届大会。

网址：http：//www. congress. com. cn/apce2009

53. 南亚病虫害综合防治网

南亚病虫害综合防治网（Southeast Asia Regional IPM Network Site，SEASIA）成立于1993年，是由病虫害综合防治基金会中心、美国北卡罗来纳州州立大学、克莱姆森大学、印度尼西亚茂物市农业学院发展而来，并且是通过芝加哥大学证券价格研究中心由美国国际农业开发署计划投资的。目前，此网站涵盖了菲律宾和印度尼西亚的病虫害信息，并且将有更多的国家加入。南亚病虫害综合防治网对于东南亚的计划如下：(1) 建立圆荚体可可树信息系统；(2) 用于监控并能广泛传递害虫情况的信息技术基础设施 、区域害虫天敌监测系统；(3) 为该区域提供如何使用ITD的讲习班和培训；(4) 将源自该区域的圆荚体可可树管理技术全球化。其他与害虫管理相关的信息，如农作物系统的建立，害虫、杀虫剂的利用等。

网址： http：//www. seasia. ipmnetwork. net

非　洲

54. 东部和中部非洲生命科学中心

东部和中部非洲生命科学中心（Biosciences Eastern and Central Africa，BecA）成立于2004年，是一个区域性研究合作机构，总部设在肯尼亚内罗毕国际畜牧研究所内。中心具有一个公共生命科学研究平台，提供研究相关服务。它同全球研究组织开展合作，目的是运用现代生物技术来促进东部和中部非洲农业发展。旨在提高东部和中部非洲科学家的能力，进行生命科学研究，提高当地农业生产力，为提高农民生活水平作贡献。任务是通过发展和运用可持续农业生产技术来提高非洲资源缺乏地区人们的生计和健康等状况。中心主要从事植物、动物、微生物和寄生物的研究，包括生物信息学、诊断学、遗传学、基因序列、基因工程学、分子育种、免疫学等。成员国有：布隆迪、喀麦隆、中非、刚果（布）、刚果（金）、赤道几内亚、厄立特里亚、埃塞俄比亚、加蓬、肯尼亚、马达加斯加、卢旺达、索马里、苏丹、坦桑尼亚、乌干达等。

网址：http：//hub. africabiosciences. org

55. 东部和中部非洲农业研究发展协会

东部和中部非洲农业研究发展协会（Association for Strengthening Agricultural Research in Eastern and Central Africa，ASARECA）成立于1993年，秘书处设在乌干达，是由10个国家农业研究系统构成的非营利性组织。成员国有：布隆迪、刚果（金）、厄立特里亚、埃塞俄比亚、肯尼亚、马达加斯加、卢旺达、苏丹、坦桑尼亚和乌干达。ASARECA旨在通过提高当地农业研究能力，发展可持续高产农业，达到促进经济增长、保障粮食安全和提高农产品出口竞争力的目的。主要任务是加强地区间农业合作活动，开展农业培训，促进经济增长，减轻贫困和饥饿，提高东部和中部非洲农业资源的可持续利用。工作内容有：（1）建立和运行性别意识管理机制和体系；（2）促进生产和需求驱动机制的技术创新；（3）提供农业政策服务；（4）提高当地农业研究能力；（5）加强农业创新信息交流。

网址：http：//www.asareca.org

56. 西部和中部非洲农业研究与发展委员会

西部和中部非洲农业研究与发展委员会（The West and Central African Council for Agricultural Research and Development，CORAF/WECARD）成立于 1987 年，秘书处设在塞内加尔。现有 22 个成员国，包括贝宁、布基纳法索、喀麦隆、中非、乍得、科特迪瓦等。这些国家土地总面积约 1 150 万平方千米，人口 3.18 亿，其中 70% 靠农业为生。WECARD 旨在通过提高当地农业研究体制，促进农业经济增长，持续减少西部和中部非洲的贫困状况，解决粮食安全问题。它的任务是满足该地区人口的社会经济需求，提高农业可持续生产力和市场竞争力。WECARD 的目的是为了提高小规模生产者的生产力和促进农业综合企业的发展，所以它的研究重点是关注农业生产者和消费者的利益。

网址：http：//www.coraf.org

57. 东部和南部非洲香蕉研究网络

东部和南部非洲香蕉研究网络（Banana Research Network for Eastern & Southern Africa，Barnesa）于1994年由东部和南部非洲10个国家联合建立，秘书处设在乌干达，是人们对香蕉和大蕉在该地区经济发展中重要性认识的产物。现有布隆迪、刚果（金）、厄立特里亚、埃塞俄比亚、肯尼亚、马拉维、卢旺达、马达加斯加、乌干达、南非、苏丹和坦桑尼亚等12个国家的17个会员组织，是东部和中部非洲农业研究发展协会的成员之一，受国际香大蕉改良网络协调。1995年被东部和中部非洲农业研究发展协会接受为分支网络，1996年被纳入国际香大蕉改良网络的管理范畴。Barnesa致力于持续提高香蕉生产力。旨在与东部和中部非洲一起使香蕉在保障粮食安全和促进经济发展方面发挥更大的作用。目标是：(1) 促进该地区香蕉贸易体系的完善和发展；(2) 根据市场需要发展可持续香蕉生产和利用技术；(3) 加强香蕉产品开发和利用的能力；(4) 有效地协调合作地区的香蕉研究和发展。

网址： http：//www. asareca. org/barnesa

美　洲

58. 美洲农业合作研究所

美洲农业合作研究所（Instituto Interamericano de Cooperación para la Agricultura，IICA）成立于 1942 年，总部位于哥斯达黎加，在美洲的 34 个国家设有办公室，在美国的迈阿密拥有一个负责加强泛美系统的农业交易、农业商务和粮食安全的办公室，另外在西班牙的马德里也设有办公室，是泛美系统的一个专业机构。其目的是支持成员国发展农业科技、促进农业交易和地区农业的发展、保障粮食安全、实现自然资源和环境的可持续管理、鼓励农业科技创新的交流，从而实现农业发展和贫困人口生活水平的提高。该组织积累了大量关于农业、人口和文化多样性以及农业生态多样性的宝贵知识，所有的这些知识能为解决许多问题和挑战提供便利。由于组织参加了所有成员国的活动，这就使资源在各个国家和地区间得以灵活传递，增强了信息流通和优秀成果的传播。

网址：http：// www. iica. int

59. 热带农业研究与高等教育中心

热带农业研究与高等教育中心（The Center for Tropical Agricultural Research and Higher Education, CATIE）成立于1940年，位于哥斯达黎加，是世界上重要的热带农业研究中心之一。该中心占地1 000多公顷，拥有大量科研设备、科研基地、商业农场和一个具有重要国际影响力的种质资源库与植物园，收集了世界各地上万个植物品种，包括可可、大蕉、油棕及咖啡等作物的不同种质。CATIE集科学技术研究和研究生教育于一体，发展目标是通过农业综合管理和环境保护来减少贫困。从1973年开始，CATIE就一直通过对农业和自然资源的综合管理，逐步提高拉丁美洲和加勒比地区人民的生活水平。它的任务是通过提供高等教育、开展科技研究合作来提高可持续农业和自然资源的竞争力，以减少热区美洲农村的贫困。CATIE的重要研究领域有农业生态学、林业和生物多样性、可可、咖啡、气候变化、畜牧和环境等。

网址： http：//www. catie. ac. cr

欧　洲

60. 欧洲农学学会

欧洲农学学会（European Society for Agronomy, ESA）成立于1990年，秘书处设于法国蒙彼利埃。其主要目标是促进农业科学的发展，增进欧洲内部关注农业研究和发展的个人和组织间的交流，帮助发表农业新闻杂志，鼓励为农业科学家和技术人员提供农业培训机会，以及与其他具有相似目标的科学研究组织进行合作。欧洲农学学会是为那些具备基础、实用的农业科学知识的农学家、研究人员和教师而建立的。他们懂得农作物、土壤、气候和农业实践之间的联系，以及农业和环境的关系。欧洲农学学会是科学家和研究成果利用者交流信息和经验的平台，也是发展合作项目的论坛。欧洲农学学会内有很多欧洲国家的国家代表，并且与美国农学学会保持着长期、友好的联系。欧洲农学学会每2年组织一次科学会议。2010的科学会议在法国的蒙彼利埃举行。2012年的科学会议将在芬兰举行。由欧洲农学学会组织的特定主题讨论会也配套开办了科学网络，比如“农作物模型网络”。

网址：http：// www. esagr. org

61. 欧洲农业知识发展联盟

欧洲农业知识发展联盟（The European Alliance on Agricultural Knowledge for Development，AGRINATURA）是欧洲著名的农业研究中心。它与发展中国家和新兴国家合作，进行农业研究与教育工作，和大众一起面对全球性的挑战。该组织带领35所大学和研究机构在18个欧洲国家进行农业研究、教育、培训以及提高发展能力的工作。该组织是欧洲第一个有18个欧盟国家参加的欧洲组织，拥有2 000多名科学家和教育专家，研究领域涉及农作物研究、畜牧业、水产业、林业、农业水土管理、社会经济科学、自然资源管理以及通过发展农产品加工、增强人体营养和健康来促进农村发展。第一届农业研究发展全球会议已于2010年3月28—31日在法国的蒙彼利埃市举行。此次农业研究发展全球会议是由欧洲农业知识发展联盟和国际农业研究磋商组织的学术与伙伴关系独立委员会联合举办。

网址：http：//www. agrinatura. eu

第四章

【世界热带农业科技机构概况】

各国热带农业科技机构

亚 洲

62. 中国热带农业科学院

中国热带农业科学院（Chinese Academy of Tropical Agricultural Sciences，CATAS）创建于1954年，前身是设立在广州的华南特种林业研究所，1958年从广州迁至海南儋州，1965年研究所升格为华南热带作物科学研究院，1994年经国家有关部门批准更为现名。总部位于海南省海口市。拥有儋州、海口、湛江、三亚（筹备）4个院区，下设14个科研机构分布在海南、广东“二省六市”。拥有国家工程技术研究中心、国家重点实验室培育基地、农业部重点开发实验室等30多个科研条件平台和1个博士后科研工作站。已成为学科比较齐全、研究领域比较宽广的综合性农业科研机构，成为中国热带农业科技创新的支撑力量。现有在职职工3 000多人，其中从事科研工作的有2 000多人，高级研究人员近300人，国家级、部级有突出贡献专家15人，初步形成了一支精干高效、结构合理的热带农业科技创新、科技管理、成果转化及技术支撑服务人才队伍。热带农业科学研究在国内外享有较高的知名度。在木薯、橡胶、香蕉等热带作物的基础性研究方面，部分成果处于国际领先水平。木薯全基因组测序、香蕉枯萎病基因密码破译、橡胶树产胶机理研究等，已取得重大突破。应用研究方面，紧密结合热区农业发展需要，不断创新，研究、推广了一大批橡胶、木薯、水果、香饮料作物等新品种、新技术，为满足国家战略需要、确保热带农产品有效供给、带动农民增收提供了强有力的支撑。先后承担了国家973计划、863计划、支撑计划等一批重大项目和FAO、UNDP等国际组织重点资助项目，共取得科技成果900多项。其中包括国家发明一等奖、国家科技进步一等奖在内的国家级奖励近40项，部、省级奖励300多项，物化成果137项，开发科技产品58类共174个品种，获得专利68项。在新的发展时期，该院坚持"开放办院、特色办院、高标准办院"的办院方针，加快农业科技创新、人才培养、成果转化、国际合作、科技服务等五大基地建设，创建世界一流的热带农业科技中心。同时，该院组织全国热带农业科技协作网建设，进一步推进中国热带农业科技大联合、大协作、大发展。

网址： http：//www.catas.cn

63. 亚太热带农业研究中心

亚太热带农业研究中心（Asian Pacific Research Center for Tropical Agriculture，APRCTA）隶属于中国台湾高屏地区的“国立屏东科技大学”。该大学拥有 80 多年的建校历史，一直以农业人才培育与农业新科技研发为校务发展目标。APRCTA 以创造出不可替代性的高价值农业产品为运作主轴，结合亚太地区与热带农业研究有关的研究机构，成立具有前瞻性的各项热带农业科技研究特色实验室，包括分子检测实验室、热带农业生物科技实验室、热带植物种质开发与利用实验室、动物胚工程实验室、生物资源与能源技术实验室、生物空间信息实验室、热带农业有害生物综合管理实验室、胚胎发育与胚干细胞实验室、植物功能基因体实验室、生物材料绿产品设计开发实验室、分子疫苗及佐剂开发应用实验室等 11 个特色实验室，进行整合性的运作，依不同研究重点组织成立研究支持团队，有效利用研究中心的设备并共享资源，以从事中国台湾省高科技热带农业的研发、人才培育与产学合作。该中心的研究成果将可转移至与生物科技有关的生技园区继而促进亚太地区国家的热带农业发展，并扮演生物种质资源库的角色，提供生命科学研究所需的基础数据及材料，或进行种质资源间的交换。

网址： http：//openinfo. npust. edu. tw/aptarc/index. htm

64. 斯里兰卡椰子研究所

斯里兰卡椰子研究所（The Coconut Research Institute of Sri Lanka，CRISL）起源于 1928 年的椰子研究计划，后来发展成为亚洲太平洋地区的高水平国家级椰子科研机构，也是世界上第一所开展椰子专项研究的机构。研究所拥有一支活跃、热情、创新的科研团队，配备了高端先进的仪器设备，与国外政府科研机构和民间研究机构开展了广泛的合作研究。CRISL 的发展目标是力争成为国际一流的椰子科研中心，促进科技创新和科技转化，全力应对椰子产业发展的新挑战。发展任务是通过知识和技术创新来提高生产量，增加利润，为科研人员提供成长的沃土。新时期的发展使命是：（1）为斯里兰卡椰子产业的可持续发展提供强有力的科技支撑；（2）开发科学的粮食生产技术，通过战略性、基础性和应用性研究促进粮食增产；（3）组建国家基因资源、优质种子、先进品种储藏库；（4）发展以椰子生产为基础的环保型、生态型农业系统；（5）加快将先进科技转化为实际生产力；（6）整理传播关于椰子及其相关学科的技术信息。

网址：http：//www. cri. lk

65. 马来西亚棕榈油研究所

马来西亚棕榈油研究所（The Palm Oil Research Institute of Malaysia，PORIM）成立于1979年5月，主要任务是组织与管理棕榈油和油棕树及其相关领域的研究。研究所的职能包括：（1）主持并推动棕榈油和油棕树相关产品的生产、提炼、加工、储藏、运输、营销、消费和运用的研究；（2）收集、整理并传播有关油棕、棕油、棕油产品及其他植物油脂的信息；（3）促进棕榈油与棕榈油产品作为优势材料或补充材料的使用。马来西亚棕榈油研究所还面向社会组织旨在促进产业发展的学术研讨班、交流会和博览会。

网址：http：//mpob. gov. my

66. 马来西亚胡椒学会

马来西亚胡椒学会（Malaysian Pepper Board，MPB）是在 2006 年马来西亚胡椒学会法令的框架下设立的合法机构。原胡椒营销学会于 2007 年 1 月 1 日改名为现在的马来西亚胡椒学会。胡椒营销学会是马来西亚种植业与农产品生产部直属机构，总部设在古晋。致力于通过科研项目和服务促进胡椒产业对国民经济的贡献。发展策略有：（1）强化科技研发；（2）提高胡椒生产量，通过培养农民科技水平，加快以原材料生产为主的产业结构向高附加值的产业结构转换；（3）强化市场营销链，积极参与国内国际竞争。旨在鼓励胡椒种植，研究和促进胡椒产业的发展为马来西亚胡椒产业的发展和管理献策献力。主要作用是：（1）为马来西亚胡椒产业的增长和发展提供项目和政策支持；（2）促进胡椒、黑胡椒和其他胡椒品种的贸易；（3）开展与胡椒产业有关的研究；（4）促进高质量胡椒生产的研究和监控；（5）为胡椒产业的发展提供技术咨询和包括培训在内的相关服务；（6）收集管理并传播与胡椒产业有关的信息；（7）与国内外相关机构保持联系与合作。

网址： http：//www. mpb. gov. my

67. 马来西亚可可学会

马来西亚可可学会（The Malaysian Cocoa Board，MCB）是在1988年马来西亚国会第343号法令框架下设立的，并于1989年正式成立。该机构是直属于马来西亚种植业与农产品生产部（原马来西亚第一产业部）的州属合法机构。成立目标是增强马来西亚可可产业在国际市场的竞争力，提高可可产业的生产效率。主要职能是：（1）主持开展可可生产、加工、储藏和消费的研究；（2）组织科研活动和政策研究；（3）提高可可产品质量；（4）规范市场营销活动；（5）搜集传播相关信息；（6）监控和协调可可加工、储藏、管理和营销。MCB的主要职能有开展研发活动、进行市场开发、调控与监管质量、发展目标群体、拓展业务和转让技术。研发活动用以解决可可种植过程中出现的问题、满足生产的需要以及下游产业的需求，目标是促进科技进步、提高产量、降低成本、提高质量、增强综合竞争力。市场开发的目标是扩大马来西亚可可及可可产品的国内国际市场份额，包括国内和国际市场营销：国际营销通过技术贸易和国际会展来实现，国内营销则通过展销会和开设高校促销和会展专业来实现。质量永远是营销的关键。通过对原材料到成品生产过程的研发和调查来实现技术经济化，为可可产业提供价格和市场等相关信息作为参考。许可证制度和等级制度的实施使可可种植和生产符合国家标准。国家授权可可学会负责可可加工商、贸易商、研磨商、分类商的许可证的颁发，并为可可及可可产业制定指导方针和相关标准。MCB 实施目标群体发展项目，该项目惠及小型可可生产商及巧克力生产企业家。目标群体发展项目是 MCB 拓展与开发项目不可分割的一部分，旨在促进小型生产商由年生产量不足 0.5 吨增长到年生产量超过 1.5 吨。项目涵盖诸如调查访问、会谈商洽、提供种质原料、开展技术培训以及协助质量监控等方面。巧克力手工生产企业家项目的发展目标是促进巧克力生产企业家队伍的发展壮大，这将包括技术转让、产品和技术开发、巧克力供应中心、市场营销和产品促销、技术和咨询服务等。MCB 还为可可种植及其下游产业提供技术和咨询服务。下游产业研究中心的实验室和试验场提供可可豆与可可产品的物理、化学、微生物分析测试服务，以促进可可产品的加工和研发。

网址： http：//www. koko. gov. my

68. 马来西亚橡胶学会

马来西亚橡胶学会（The Malaysian Rubber Board，MRB）成立于1998年，由三大橡胶科研机构合并而成，是马来西亚橡胶产业的重要组织。在过去78年间为马来西亚橡胶产业的发展作出了突出的贡献，在马来西亚橡胶研究所的协助下，使国内外天然橡胶产业获得了突飞猛进的发展。橡胶学会成立的最初目标是：通过橡胶树培植、天然橡胶浓缩与加工、橡胶产品生产和营销等各个方面的研究，推动马来西亚橡胶产业的现代化发展。发展使命是通过科技研发、有效技术转让和质量监控，增强马来西亚橡胶产业的竞争力和活力，使之发展成为能够满足客户需求、博得顾客满意的顶尖机构。旨在推动和促进马来西亚橡胶产业，为橡胶产业的有序发展和高效管理制定目标和政策。

网址： http：//www. lgm. gov. my

69. 马来西亚农业发展研究院

马来西亚农业发展研究院（Malaysian Agricultural Research and Development Institute，MARDI）成立于1971年，主要开展战略资源、园艺、机械化与自动化、食品科学、畜牧战略、水稻与工业作物、生物技术等方面的研究。另设有技术服务中心、经济与技术管理中心、信息管理中心、技术宣传和发展中心、种植材料和种子与畜牧生产中心、保鲜部和商业开发部。研究院下设的管理部门有：人力资源管理处、财务处、信息资源管理处、工程管理处、合作事务处。为了开展科学、技术、经济及社会学方面的研究，就生产而言，该研究院对所有农作物（除了橡胶和油棕）和牲畜的生产与加工起到一个主导作用；并以服务为中心，为生产部门收集并传播与农业生产相关的科学、技术、经济方面的信息和建议，包括出版专题报告、学术期刊等。

网址： http：//www. mardi. gov. my

70. 越南油料作物研究所

越南油料作物研究所（The Oil Plants Institute of Vietnam，OPI）成立于1980年，位于胡志明市。其前身是油脂和油料植物研究所。椰子在越南是成千上万农民收入的主要来源，尤其是那些居住在南部湄公河三角洲和中部沿海地区的农民。OPI旨在收集所有椰子种类的椰子种质。在槟知的OPIDong Go站与在西宁的Trang Bang站均建有椰子种质资源库，由于受预算限制，Trang Bang站的田间基因库于1994年被关闭。OPI长期从事旨在收集所有椰子种类的椰子种质。全国拥有丰富的椰子种质，高种种质包括Ta、Dau、Giay和Bi（Bung），而矮种种质包括Ea、Xiem和Tam Quan。对于特色品种也做出如下分类：多汁型、甘甜型、香甜型、条状型。

网址： http：//www. opi. vn

71. 越南南方农业科学研究所

越南南方农业科学研究所（Institute of Agricultural Science for Southern Vietnam，IASSV）创立于1975年，于1981年首次更名为越南南方农业科技所，1990年再次更名为越南南方农业科学研究所。该所隶属于越南农业和农村发展部，是一所综合性的研究机构，负责在越南南方开展农业新技术的研究与应用。现有研究人员450人，超过250人为大学本科或者研究生毕业，其中有3名教授和副教授，31名博士和49名硕士。研究领域包括作物和动物的品种筛选和培育、病虫害防治、农作物和畜牧生产技术，可持续发展农业系统的提高和建立，生态环境保护，农产品和动物饲料储存和加工，市场经济，农业和农村结构，农业研究和技术人员培训，农业科学技术国际合作研究等。研究所下设植物遗传育种研究中心、农作研究中心、土壤环境科学研究中心、植物保护研究中心、农业系统和农村发展研究中心、生物技术研究中心、动物遗传育种研究中心、动物生理研究中心、饲料及动物营养研究中心。研究资金主要来自国家人力资源管理处、植物研究和国际交流处以及财政局。

网址：http：//www.iasvn.org

72. 泰国农业大学

泰国农业大学（Kasetsart University，KU）创建于1938年，位于清迈，是一所国立大学，是泰国最早提供农业项目高等教育的学校之一。当时是作为农业与渔业部的一个部门，被称为农业科技大学。大学最初的职责是应农业部的要求提供三年制的高等教育。1939年，大学搬到了现在的校区——曼谷，同时创建了林业学校作为其下属机构，以细分农学的研究范围，进行科学研究合作，并将林学作为其高等教育的研究领域。1943年2月2日，该大学从农业与渔业部分离出来，成为一个同农业与渔业部地位相当的机构，并正式称为泰国农业大学。该学校下设农学系、林业系、科学合作系、渔业系等，并有权为作物栽培学和畜牧学学生颁发高等教育学位。

网址： http：//www. ku. ac. th

73. 印度农业研究理事会

印度农业研究理事会（Indian Council of Agricultural Research，ICAR）成立于1929年，是印度国家农业部农业研究教育委员会直属的独立组织，是主要负责协调、指导和管理农业，包括园艺、渔业和全国动物科学的研究和教育的最高机构。在全国各地设有97个研究所和45所农业院校，是世界最大的国家农业系统之一。该理事会在绿色革命和后来的发展中起到了先锋作用。通过其研究和技术开发，印度农业取得了丰硕成果。自1950年、1951年以来，该国农业粮食生产增长了4倍，园艺作物增长了6倍，渔业产量增长了9倍（海洋渔产增长5倍，淡水渔产增长17倍），奶业增长了6倍，鸡蛋增长了27倍，对国家粮食和营养安全发挥了显著而积极的作用，同时也起到了促进农业高等教育发展的重要作用。该理事会不断致力于加强其科学技术发展的优势，并拥有在农业领域受到国际普遍认可的科学家队伍。

网址： http：//www. icar. org. in

74. 印度大宗作物研究所

印度大宗作物研究所（The Central Plantation Crops Research Institute，CPCRI）成立于1970年，是印度农业部农业研究委员会下属的著名科研机构。它在研究印度大宗农业作物生产技术方面具有先锋作用。CPCRI的主要任务有：（1）通过基础研究和应用研究发展椰子、槟榔及可可的生产、保存和加工技术；（2）为国家提供以上作物的种质资源；（3）提供育种亲本；（4）通过有效利用自然资源，完善耕作制度，提高棕榈植物单位面积生产力；（5）收集、分析和发布大宗作物相关信息；（6）协调国内大宗作物的研究并在印度棕榈协调研究项目框架下执行研究方案；（7）向农民转让取得的新技术。

网址： http：//www. cpcri. gov. in

75. 印度炳·奈斯博士农业科学基金会

炳·奈斯博士是炳·奈斯博士农业科学基金会（Dr. Prem Nath Agricultural Science Foundation，PNASF）的创始人。它是一个公益信托组织，1999年12月在印度卡纳塔克邦政府注册，2000年6月开始运行。它的建立是为了帮助和鼓励印度农业科学家从事农业问题的研究，同时利用农业科学家的技能让发展中国家受益。它促进了世界著名的农业、发展和规划专家关于国内外与农业和粮食相关的重大事件的知识和思想交流。此基金会技术上的活动是由技术顾问委员会指导的。炳·奈斯博士农业科学基金致力于促进农业发展。对于炳·奈斯博士农业科学基金会来说，农业这个词包括所有农作物（谷物、豆科植物、蔬菜、水果、花卉、工业作物）和小型家畜等。优先发展的项目领域是种质资源、遗传育种、农业技术、创新方案技术和销售等。炳·奈斯博士农业科学基金会欢迎规模较小的农业基金会向他们提出帮助申请，个人、研究所和农业科学社会团体均可提出申请，并且所涉及的课题以国民利益为先。

网址： http：//www. pnasf. org

非　　洲

76. 肯尼亚农业研究所

肯尼亚农业研究所（The Kenya Agricultural Research Institute，KARI）建立于1979年，是一个半自治政府机构。作为一个全国性的机构，它集中进行粮食作物、园艺和经济作物、牲畜和放牧管理，土地和用水管理，以及社会科学的研究。该研究所通过促进健全农业研究体制、科技更新和传播来保证粮食安全，而这些都是建立在生产产量的提高和环境保护的基础之上的。政府已经认识到有必要加强农业研究系统运作能力，所以采取了以下措施：在肯尼亚农业研究所下设研究中心，以创造出便于有效管理、重组和加强国内农业研究的机构。该研究机构的使命是和自己的合作伙伴将农业创新知识应用到保障农民生计和促进农业商业化中去，在保护环境的同时促进产量和价值的提高。

网址：http：//www.kari.org

77. 内罗毕大学

内罗毕大学（The University of Nairobi，UON）建立于1956年，是一个独立法人团体，它是肯尼亚地区教育机构的先锋。该大学的农业系设在农学与兽医科学学院。农学与兽医科学学院目前涉及的研究项目有：⑴包括经营活动在内的灌溉和雨养条件下的植物生长情况；⑵研发技术的传播，这种技术是用于解决距离内罗毕约250千米的干旱地区人们的缺水困境。该大学的农业系有五个教学部门：土地资源管理和农业技术部、植物科学和农作物保护部、食物技术和营养部、动物生产部、农业经济部。农业与兽医科学学院从2002年开始研究木薯在东非和南非国家的利用。2010年3月19—20日，中国热带农业科学院畜牧、蔬菜、木薯等方面的专家考察了位于肯尼亚首都内罗毕市的内罗毕大学，该大学的农业与兽医科学学院专家与中国热带农业科学院专家举行了座谈，双方就共同感兴趣的牧草、畜牧、蔬菜、木薯、腰果、椰子、咖啡等达成合作意向。

网址： http：//www. uonbi. ac. ke

78. 科特迪瓦国家农业研究中心

科特迪瓦国家农业研究中心（The National Agricultural Research Centre，CNRA）成立于1998年，总部位于该国首都阿比让。该中心是由原法国国家农艺中心的几个研究站重组而成的有限责任公司，国家占40%的股份，农民和农业企业占60%的股份。CNRA是科特迪瓦主要农业研发机构，集中了全国2/3的科研力量和超过3/4的研发资金，科研人员均为来自国内各著名大学和研究机构的高级研究人员，私有股份的参与确保其政策和研究项目能满足农民、农业组织和农业企业的需求。CNRA在科特迪瓦境内设有几个分中心，各分中心由所在行政区域统一管理。其发展目标是促进农业生产和农产品加工业可持续发展，开展对农作物、畜牧业、林业、生态系统的科技创新研究，将科学技术成果转化为公共企业或农民利益，最大可能地利用农业研究技术及所有资源发展该国农业。发展任务是通过进行农业研究开发，改善作物品质，确保粮食安全，提高农业生产力。该中心通过集成管理模式发展现代化畜牧业，促进虫害、水资源等综合农业管理及环保技术的发展，以适应生产商的需求。通过提高农业技术研究，包括环境保护、农产品加工和农村基础设施改造技术，以使农产品多样化。

网址：http：//www.cnra.ci

79. 乌干达国家有机农业运动组织

乌干达国家有机农业运动组织（The National Organic Agricultural Movement of Uganda，NOGAMU）建立于 2001 年，是一个联盟组织，联合了乌干达涉及有机产业的推广和发展的生产商、加工商、出口商、非政府组织和其他研究机构、组织。该组织现在已经成为认可度极高的商业协助组织之一，为有机产业提供了一系列的服务。为了保证服务到乌干达的每个角落，该组织与以下四个区域的知名组织合作：中部地区的坎培拉明组织、东部的世界学生合作组织、北部的兰戈有机农业推广组织、西部的农业可持续发展训练员网络组织。得益于有利的地理位置，乌干达一年四季都能生产出丰富多样的有机产品，例如木瓜、菠萝、芒果、姜、香草、棉花、咖啡、可可、油梨、苹果、香蕉、小米、木薯等，还有具当地特色的蔬菜。2009 年 5 月 19—22 日举行的非洲有机会议展板主要陈述了以下内容：有机农业科技、保证粮食持续生产的有机农业、热带土壤肥力的提高和保持。2011 年 2 月 16—19 日在德国举行了有机食品展。2011 年 3 月在东京举行了国际食品饮料展。

网址： http：//www. nogamu. org. ug

80. 南非甘蔗研究所

南非甘蔗研究所（The South African Sugarcane Research Institute，SASRI）是世界著名的农业研究机构，它在兴旺的食糖行业中位居前列。该机构的研究项目涉及四门不同的学科：农作物品种改良、作物保护、作物生产与管理、系统设计与优化。该机构所提供的扩展服务有效地将研究者和甘蔗种植者联系起来，并且还提供一系列的服务，包括肥料的使用建议、疾病诊断和教育课程。该机构的植物育种工程，奠定了整个研究项目的基础。它由三个补充业务组成：育种、选种和推广。该机构的农作物保护项目的目标是将害虫、病害和杂草对作物产量的影响降到最低。为达到该目标，该机构保证流入工业或进口的品种符合检疫要求、完全不带有病菌，并以此来促进生物安全。目前，该所在现代生物技术方面开展以下研究：（1）在植物育种项目中增强亲代的选择；（2）提供新颖、理想的性状“育种的精度”；（3）开发快速约束和分布的高品质种子；（4）为了提高进程，调查甘蔗的生物基础和累积量。

网址： http：//www. sasa. org. za

81. 南非农业研究理事会

南非农业研究理事会（Agriculture Research Council，ARC）是根据1990年修订的农业研究条例第八十二条成立的研究机构，也是南非主要的研究机构。根据1999年修订的公共经济管理条例第一条，成立了3A公共条例。此条款由1999年第二十九条修改而来。该法规定了农业研究会的目标是“开展农业研究，促进农业发展和技术转让”，旨在促进农业和工业发展，提高人民生活质量，保护自然资源。此功能是五个团队下属的11个研究机构执行的，团队活动涉及粮食和经济作物、园艺、畜牧、自然资源及技术转移。其远景是追求卓越的农业研究与发展。农业研究理事会地位重要，角色独特，是南非首席农业研究机构。它强调对农业的利用能力，在农业领域培育人才，促进农业科技创新。

网址： http：//www. arc. agric. za

82. 莫桑比克腰果研究院

莫桑比克腰果研究院（Instituto de Fomento do Caju，INCAJU）成立于20世纪60年代初，隶属莫桑比克农业和农村发展部，长期以来开展腰果高产优良品种选育、抗病虫品种选育、腰果栽培技术、病虫害防治、腰果种植人员培训、腰果加工、农业经济等技术研究及推广。莫桑比克腰果研究院在莫桑比克南、北部地区设有腰果研究分院，南部地区分院管辖和指导马普托、加扎和伊尼亚巴内三省农户的腰果生产，北部地区代表处管辖和指导楠普拉、赞比西亚和德尔加多角三省农户的腰果生产。莫桑比克腰果研究院各分院均有农艺师、技术人员和推广人员，在各个腰果植区的县（区）设立协调员，指导和协调农户腰果生产和销售。1980年莫桑比克腰果研究院开始加强与巴西、印度等国的合作，加快了腰果选育种工作步伐。至2000年已选育出23个高产腰果无性系，免费向农户推广种植。

网址：http：//www.incaju.gov.mz

83. 布基纳法索农业环境研究院

布基纳法索农业环境研究所（Institut de l’Environnement et de Recherches Agricoles，INERA）是布基纳法索国家科技研究中心四所研究机构之一，为从事农业和环境研究与协调的公共机构。INERA 是布基纳法索在农业和环境研究领域取得突出成就的研究机构。该院的主要目标是：（1）对布基纳法索农业和环境研究恒久贡献力量；（2）组织、管理、协调研究项目；（3）对调研项目中已经获取的科学和经济成果进行再利用；（4）推广和普及优秀地区农业和环境实施惯例；（5）细化研究，使研究人员和终端使用者取得直接联系，确保知识和技术传授给农民。该组织的研究项目主要集中在传统谷物、豆类、园艺植物、大米、棉花、牛、猪和家禽，并研究对森林资源的开发和利用的同时加强对自然森林资源的保护。

网址：http：//www.pg.science.ru.nl/en/burkina_inera.html

大洋洲

84. 澳大利亚国际农业研究中心

澳大利亚国际农业研究中心（Australian Centre for International Agricultural Research，ACIAR）是澳大利亚政府于1982年成立的一个法定权威机构。它的宗旨是动员全澳大利亚的研究力量，帮助发展中国家解决在农业研究领域遇到的问题。ACIAR在澳大利亚外交贸易部的框架内运作，是澳大利亚对外援助项目的一个组成部分。ACIAR所资助的农业研发项目由澳大利亚及其伙伴国家的科研人员共同承担，项目的目标是通过减贫和可持续发展，推进澳大利亚的国家利益。作为一个法定组织，是澳大利亚政府发展与合作项目的一部分。该中心鼓励澳大利亚的农业科学家运用他们的技能为发展中国家和澳大利亚服务。该中心与合作国家一起资助符合澳大利亚和其他国家科技发展目标、有利于增强国家科研实力的项目。研究区域主要包括：新几内亚、太平洋岛屿、东南亚、北亚、南亚和南非。该中心的主要工作职能有：（1）进行帮助发展中国家提升农业持续发展能力的研究；（2）资助培训项目；（3）交流研究成果；（4）资助农业研究项目。自1982年中澳双方签署《关于促进农业研究发展合作计划议定书》以来，共同执行了87个各类合作研究项目（其中包括与中国农业部、科技部、教育部及其他相关部委等），但主要还是农业项目。目前正在执行的项目有 25 个，据澳方统计，25 年来总共投入 7 000 多万澳元。合作范围涵盖了动植物育种、种质资源交换、农业教育、动植物检疫、农牧场管理、水土资源保持、农畜产品加工、贮存和运输、动植物病虫害防治及农业生物技术应用等多个领域。通过项目的开展，澳方向中国提供了项目所需的科研仪器设备和先进技术，培训了农业科技和管理人员，提高了项目单位的农业科研水平和手段。

网址： http：//www. aciar. gov. au

85. 迪肯大学

迪肯大学（Deakin University，DU）成立于1979年，是澳大利亚的顶尖大学之一，为国内外70 000多名学生提供高质量的专业教育。迪肯大学是澳大利亚唯一一所两次荣获年度重点大学荣誉的学校。1995年迪肯大学被《优秀大学指南》评为年度“科技教育奖”，1999年被评为“杰出培训教育奖”。迪肯大学追求的不仅仅是提供给学生一个合格的澳大利亚学位，更重视给学生一段无论在教育方面还是个人经历方面都意义重大的生活经历。该大学提供学士、硕士、博士课程，专业训练及工业员工培训，共有46 000名学生修读学位或非学位课程，其中包括20 000名接受专业训练的学生。

2007年8月，中国热带农业科学院与迪肯大学材料和光纤创新中心（CMFI：Deakin's Centre for Material and Fibre Innovation）签订了合作备忘录。合作期间，双方共建了中澳先进热作材料国际研究中心。该中心是一个综合性学科研究小组，研究解决原料制造行业的突出问题。最近，它的研究领域已经扩展到汽车先进材料和航空航天应用材料，功能性纤维和产业用纺织品，以及生物材料等领域。

网址： http：//www. deakin. edu. au

86. 昆士兰大学

昆士兰大学（University of Queensland，UQ）是澳大利亚昆士兰州的第一所综合型大学，始建于 1910 年，是澳大利亚最大、最具声望的大学之一，也是昆士兰州成立最早的大学。昆士兰大学是澳大利亚八大名校（Group of Eight）成员之一，其科学研究经费及学术水平在澳大利亚的大学之中始终位居前三名，在校博士生的人数最多。昆士兰大学位于澳大利亚东部的海滨，以拥有强大的教学和科研力量而受到国际的赞誉。它颁发的学历资格证书获得全世界的公认，社会对这所大学的毕业生具有极大的需求量。该校有 33 000 多名攻读本科和硕士学位的学生，其中有 3 800 多名国际学生来自全世界的 130 个国家。在其众多学院与研究所中，澳大利亚生物工程及纳米科技研究所（Australian Institute for Bioengineering & Nanotechnology，AIBN）在国际生物工程领域最具影响。

网址： http：//www. uq. edu. au

美　洲

87. 美国国家食品与农业研究所

美国国家食品与农业研究所（The National Institute of Food and Agriculture，NIFA）成立于2010年，其前身是成立于1994年的国家研究、教育与推广服务合作部门（Cooperative State Research，Education，and Extension Service，CSREES），是美国农业部的下属机构，也是联邦政府的行政部门之一。NIFA组织带领学校合作伙伴和其他农业机构开展与农业直接或间接相关的研究、教育和项目活动，为植物研究提供国家级的信息指导和资金资助，并扩展到研究植物生产和保护所面临的挑战，致力于发展和运用经济环保的方法来解决国家对食品、饲料和纤维的需要。该机构的研究项目有：农作物和草料作物、农产品加工、园艺、生物育种、遗传学、基因组学等。通过指导、规划和资助研究项目，该机构组织和协调国家基因组学和生物育种的研究，同时将国家资金运用于有利于人类和动物健康、食品安全、持续生产和生物能发展的最先进的植物研究。

网址： http：//www. csrees. usda. gov

88. 温洛克国际农业开发中心

温洛克国际农业开发中心（Winrock International，WI）位于美国阿肯色州，成立于1985年，是一个的非营利性组织，是由国际农业发展服务中心（The International Agricultural Development Service）、温洛克国际畜牧研究培训中心（The Winrock International Livestock Research and Training Center）和农业发展委员会（Agricultural Development Council）合并而成。其使命是在全球范围内帮助创造增收机会，可持续利用自然资源和保护环境。通过向当地有识之士和社区团体介绍新的理念和技术，温洛克正致力于以持久性的思路提高生产力、促进平等、有效管理自然资源，以帮助全球贫困人口和弱势群体。温洛克目前在全球特别是亚洲、非洲、拉丁美洲等地的65个国家，如中国、巴西、菲律宾、孟加拉国、印度尼西亚等开展了项目，平均每年有超过150个项目在全球执行，全球项目运行资金年度预算超过5 000万美元。温洛克国际农业开发中心是中国改革开放以后最早进入中国实施项目的国际开发组织之一。1982年自从温洛克在中国农业科学院内建立了北京办事处以来，与中国农业科学院合作，利用联合国、世界银行、亚洲发展银行等机构的2 000多万美元资金，在中国先后实施了可持续自然资源管理、农业及能源方面等30多个项目。近几年来，温洛克在中国启动的其他项目有：中国民间组织能力建设项目（2002—2005）、中国妇女领导力培训项目（2003—2006）、中国西南地区参与式高原发展支持项目（2000—2006），以及技术参与“保护国际”在中国西南地区的造林项目（2006—2007）。

网址：http：//www. winrock. org

89. 美国农业及农贸政策研究所

美国农业及农贸政策研究所（The Institute for Agriculture and Trade Policy，IATP）起源于家庭农场，在20世纪80年代中期，农产品价格跌至低于生产成本，致使全美国的家庭农场主生活步履维艰。由于低效生产，农民家庭只有两个选择，要么做大做强，要么销声匿迹。有着严重缺陷的国家政策及国际政策是这场危机的根源。为帮助农业家庭走出困境，IATP应运而生。1986年，IATP开始记录美国农村危机的潜在原因，并提出利于农民、消费者、社区和农村环境的政策。IATP与世界各地的组织合作，共同分析国际贸易如何影响国内粮食政策，并倡导建立能提高健康标准、保障劳动者权益、维护人权、保护环境的公平的贸易政策及民主机构。IATP正在开发一些可行的新型经济模式，包括对风力发电和生物燃料等清洁能源的开发，促进农业地区生物能源的发展。同时，正与农场主合作，促进森林的可持续管理。IATP倡导绿色企业和生态农场，减少排放到五大湖区和密西西比河的有毒径流。IATP正努力制止在农业和水产养殖业中抗生素的过度使用，同时防止汞及其他有毒物质流入农田，残留在食品中。该组织也监测转基因作物对环境、人类健康及农民收入的影响。

网址： http：//www. iatp. org

90. 综合植物保护中心

综合植物保护中心（Integrated Plant Protection Center，IPPC）于1967年以美国俄勒冈州立大学的农业科学学院为基础创立而成，由此成为州、国家及国际研究机构。该中心为有害生物综合治理项目的研究提供帮助，并以国家有害生物综合治理纲要为指导，充分与西部有害生物综合治理中心的四个地区组织合作，以期积极地实现俄勒冈州和西北太平洋地区的农业可持续发展、人类健康、粮食安全及降低环境保护的成本。IPPC参与了一系列多方投资和多国合作的研究项目，为美国有害生物综合治理和联合国的千年发展目标作出了许多贡献。该组织也参与IPMnet News的信息发布。

网址： http：//www.ipmnet.org

91. 夏威夷农业研究中心

夏威夷农业研究中心（Hawaii Agriculture Research Center，HARC）成立于 1996 年，是在原夏威夷甘蔗种植协会（HSPA）基础上组建起来的私有、非营利性农业科研机构。共有研究人员和管理人员 200 多名，研究范围涵盖林业、咖啡、牧草、谷物、蔬菜以及甘蔗种植和生产，主要负责为美国夏威夷农业提供技术支持。该组织的甘蔗研究基本宗旨是通过育种、选种来增加甘蔗种类，以开发完整的农艺措施，控制昆虫和植物病害。咖啡研究主要是在控制咖啡树的开花和结果、除草以及消灭昆虫方面，曾成功研制出了咖啡遗传基因转换系统。此外还有咖啡管理培训项目、咖啡肥力和营养实验等。该中心在瓦胡岛建有温室育种基地，可生产多种多样的农作物，包括玉米、马铃薯、西瓜、香蕉、木瓜、水稻、小麦、大豆、高粱、油葵、莴苣、洋葱、胡椒、花椰菜、芦笋、甘蓝、茄子、南瓜、罗勒、咖啡、甘蔗等。目前，该中心正致力于园林作物的研究，包括农艺学、植物营养学、植物生理学、作物育种、基因工程以及作物病虫害监控与管理。同时还致力于农药注册、虫灾区农业技术培训、环境顺应性研究、地下水监控、技术文献整理等领域。

网址：http：//www.harc-hspa.com

92. 夏威夷有机耕种农民协会

夏威夷有机耕种农民协会（Hawaii Organic Farmers Association，HOFA）成立于1993年，是一个非营利性的会员组织，管理夏威夷的有机认证。该组织按照2000年制定的联邦有机规则，通过研究、教育和提供有机认证服务来促进有机和可持续的农业发展。有机农业遵循生态系统的平衡健康发展，鼓励发展野生动植物、创造动植物多样性，培养健康土壤，这些都要通过保护水资源来实现。该组织的使命是通过有机土壤保护实践课程来保护生物和社会的健康发展。通过发展和加强有机农场的认证来增强夏威夷脆弱的生态系统，并为当地经济的可持续发展奠定基础。该组织提供的服务有：（1）由联邦政府认可进行基本的农作物、野生作物、家畜及其加工品的认证；（2）通过出版刊物，举办研讨会、展销会等来帮助生产者和销售者进行热带有机农业工作；（3）与农民和研究人员合作进行与有机和可持续热带农业相关的项目研究。

网址：http：//www. hawaiiorganic. org/resources/hawaii

93. 夏威夷大学热带农业和人力资源学院

夏威夷大学热带农业和人力资源学院（The College of Tropical Agriculture and Human Resources，CTAHR）始建于1907年。该学院积极帮助美国夏威夷实现经济多样化，保证环境可持续发展，加强社会发展力度，并使其成为亚太地区热带农业系统和自然资源管理的首要力量。农业诊断服务中心是夏威夷大学热带农业和人力资源学院的重要服务单位之一，负责对夏威夷农业和商业进行分析和诊断测试。其主要服务业务有：（1）植物病害分析；（2）饲料分析；（3）昆虫识别；（4）土壤肥力分析；（5）植物残料肥力分析；（6）水和营养溶解液的肥力分析。CTAHR旨在研究夏威夷和其他热带地区的植物和土壤问题。该学院开设了关于植物、土壤、水和空气之间相互关系的课程。学院的生物技术系开发出了抗病毒的木瓜，拯救了当地木瓜产业。这项与传统植物育种和生产研究相联系的技术将有可能增大粮食的供应量，提高粮食质量，并有可能实现在保护环境、提高生活质量的同时保证粮食安全。

网址：http：//www. ctahr. hawaii. edu

94. 佛罗里达大学

佛罗里达大学（University of Florida，UF）是美国一所有大约 45 000 名学生的综合性大学，研究领域涵盖了几乎所有的专业。佛罗里达大学的历史可远溯到 1853 年，当时是位于佛罗里达州东部奥卡拉（Ocala）的州立东佛罗里达高等学校（East Florida Seminary）。后来与佛罗里达农业学院（Florida Agricultural College）合并，直到 1905 年迁校至甘斯威尔（Gainesville，也称盖恩斯韦尔）并正式定名为佛罗里达大学。在学术研究方面，UF 的农学研究成果及推广教育为佛罗里达州的农业发展助益良多。特别是它的农业与生命科学学院（College of Agricultural and Life Sciences，CALS）和热带农业中心（Center for Tropical Agriculture，CTA）对于佛罗里达州的农业发展贡献颇多。

佛罗里达大学农业与生命科学学院（CALS）致力于发展农业、人力资源、自然资源、生命科学等方面的研究与普及，以维持和提高人类生活质量。农业与生命科学学院拥有 24 个本科专业，涉及 50 多个专业领域并拥有 23 个研究生专业，是食品、农业、自然资源和生命科学等领域的教育领航者。

热带农业中心（CTA）主要从事热带农业研究、教育以及技术推广工作，以提高农业生产力和自然资源的可持续发展，保护自然生态系统免遭农业活动的威胁，防止生物多样性的丧失，提高热带和亚热带地区人民的生活质量为目标。该中心通过研究生教育，与国际和国内合作伙伴进行合作研究。该中心的研究重点是：（1）专业监测、管理和阻止外来生物入侵，包括对热带作物和畜牧生产系统产生威胁的昆虫、杂草、病原体和其他生物危害；（2）鉴定、评估和保护热带地区的生物多样性和遗传资源；（3）测量和模拟气候变化对热带地区农业的影响；（4）保持热带农业环境和经济的可持续发展；（5）研究食品安全和营养。

网址：http：//www. ufl. edu

95. 美国农业研究服务部热带农业研究站

热带农业研究站（The Tropical Agriculture Research Station，TARS）成立于 1953 年，是美国农业研究服务部（USDA-ARS：the U. S. Department of Agriculture，Agricultural Research Service）三个热带/亚热带农业研究中心之一，是由美国国会每年拨款支持。热带农业研究站（TARS）旨在为国家重点农业问题研究制订解决方案。同时，热带农业研究站还致力于保护人类健康和保护环境，在不限于美国各州地方法律、法规和规范的局限内采用可持续的污染防治措施。它的研究任务是：（1）通过转化热带种质以适应温带地区种植来提高大豆和高粱的遗传多样性；（2）引进、保存、评价、推广和发展对美国大陆和海岛具有重要经济价值的热带亚热带作物的栽培和管理技术。目前热带农业研究站的研究项目包括：（1）高价值的高粱、可可和热带水果种质资源的引进、评价、培育和推广；（2）发展热带亚热带水果作物高效生产体系；（3）豆类抗生物或非生物胁迫的遗传改良；（4）为国家植物种质系统（NPGS）检疫种质资源。

网址：http：//ars. usda. gov

96. 加利福尼亚稀有水果种植者组织

加利福尼亚稀有水果种植者组织（California Rare Fruit Growers，CRFG）成立于 1968 年，是一个国际业余水果种植组织。其成员包括植物园经营者、稀有水果爱好者、商业水果种植者、园艺科技工作者。该组织设立在浮尔顿植物园，种植各种水果，特别是亚热带水果和稀有的水果及蔬菜。该组织的使命是和家庭种植者以及世界上其他对食用植物栽培有兴趣的人一起分享种植知识。目前该组织在美国加利福尼亚州有 18 个分支机构，得克萨斯州有 1 个，亚利桑那州有 2 个。该组织生产各种各样的罕见植物，例如蕉麻、阿比西尼亚醋栗、针叶、阿比西尼亚香蕉、非洲杏、非洲面包树、非洲醋栗、非洲金银花、非洲角黄瓜、非洲洋槐、非洲油棕榈、非洲李子、非洲核桃、木通、杏仁、还有丁香、阿尔卑斯山草莓等。该组织有 3 000 多名成员，包括园艺爱好者、庭院咖啡种植者、政府与大学工作人员、园林苗木栽培者和商业种植者。2010 年 8 月 14 日该组织在洛杉矶的波莫那加州工艺大学举行了“水果节—火龙果之年”。

网址： http：//www. crfg. org

97. 普渡大学植物和植物病理学院

普渡大学植物和植物病理学院（Department of Botany and Plant Pathology at Purdue University，DBPP）坐落在美国印第安纳州的西拉斐特。该学院创建于 1887 年，主要从事植物生物学、植物病理学和杂草科学的教育，致力于环境保护、植物遗传改良、自然资源管理、杂草控制和植物病虫害诊断等方面的教育和研究。现在该学院的学科种类繁多，有植物病理学、杂草科学、分子生物学、植物生理学和植物基因学等。普渡大学植物病虫害诊断实验室是一个跨学科的实验室，它为种植者、私营企业以及大众提供迅速、准确的植物病虫害方面的鉴别服务，还为管理者提供决策依据，并且是植物病虫害相关问题的权威鉴定机构。该学院的蔬菜病理学项目通过研究和教育工作，提供与印第安纳州蔬菜产业相关的植物病虫害信息。该项目还研究农田作物病害，流行病学和小谷物、大豆、玉米的病虫害防控及其抗病性的提高。除此之外，该学院还研究水果病理学。

网址： http：//www. ag. purdue. edu

98. 圭亚那国家农业研究所

圭亚那国家农业研究所（The National Agricultural Research Institution，NARI）创建于 1984 年，隶属于国家农业牲畜部，研究所常务委员会直接就机构事务向国家农业牲畜部汇报。其使命是制定和实施维护国家自给和出口能力的技术系统。NARI 的主要目标是保护和管理水土资源保持农业稳定的生产力，集合农业科技、生产、加工和市场于一体优化资源管理和技术转化，提高农作物和畜牧产品的生产力和质量，实现国内和出口农产品的最大效益。该所还为农民提供相关服务，以增加其收入。该机构与地方和区域研究机构进行合作，由中央政府资助。也有一些项目受联合国粮农组织（FAO）、联合国开发计划署（UNDP）和美洲国家组织资助。该机构有 9 个部门，其中有 7 个是研究部门，进行农学、园艺、采后、草原、植物保护、畜牧和土壤环境研究。

网址： http：//www. agrinetguyana. org. gy

99. 哥伦比亚咖啡生产者协会

哥伦比亚咖啡生产者协会（Colombian Coffee Growers Federation，FNC）成立于1927年，是由哥伦比亚咖啡生产者们自发组织创立的，在国际、国内代表他们的协会，以维护其合法权益，提高其生活质量。它是世界上最大的农村非政府非营利性组织。成立伊始，该协会是哥伦比亚第一个有关咖啡的组织，地址设在咖啡生产地——农村。协会工作重点主要围绕帮助咖啡生产者及其家庭，推动哥伦比亚咖啡的可持续发展，维护咖啡产业界的共同利益，同时确保哥伦比亚咖啡的全球最优地位。该协会高度民主，代表超过50万个致力于咖啡生产的家庭。该协会已建立一套复杂的同盟代表行政机构，推动合作与共同决策，解决关系咖啡生产者及其家庭利益问题。因此，哥伦比亚的咖啡种植者们得以达成共识，统一生产方式，提高自身生活水平。该协会力求通过多种方式以提高哥伦比亚咖啡生产者的生活质量。此外，协会还在其他领域为哥伦比亚的咖啡生产者提供支持，比如：发展研究，从而优化生产成本提高咖啡质量；扩大服务范围，为咖啡生产者提供技术协助；提高生产质量，确保哥伦比亚咖啡生产者获得最大的市场利润；以及推出各类活动，改善生产者的生活社区和周边环境。哥伦比亚咖啡生产者协会的主旨是提高哥伦比亚咖啡生产者的生活质量。为实现这一目标，他们采取了多种多样的联合措施。他们的一个主要目标是有效代表和维护哥伦比亚咖啡生产者的国内外权益。该协会设有分工明确的民主审核协调机制，从而确保组织内部的合理性和代表性。每 4 年，在咖啡生产者中民主选举产生代表，构成协会的不同分支机构。协会管理部门有责任向这些代表汇报处理各个问题的方式和进程。协会高度重视“可持续发展”的重要性。对于咖啡生产者，他们的研究项目和技术指导简单易学，便于操作。同时，作为一个商贸机构，他们推出的买卖担保政策被广泛采用。此外，该机构主导的促销宣传活动也使得更多的用户了解并订购哥伦比亚咖啡。

网址：http：//www. federaciondecafeteros. org

100. 哥伦比亚甘蔗研究中心

哥伦比亚甘蔗研究中心（Colombian Sugarcane Research Center，Cenicaña）成立于1977年，是一个私营、非营利性组织。其任务是通过在甘蔗品种、园艺、工厂加工、经济数据分析方面进行研究，提供技术转让和独特的配套服务，为甘蔗产业提供科技和信息支持，推动社会经济发展。该中心运用科学技术保证哥伦比亚甘蔗产业的竞争力和生产力，同时维护环境健康发展。在发挥本产业科技优势的基础上，研究中心开展各项研究活动，推出各类研究支持服务。哥伦比亚甘蔗研究中心管理行政部门设置有：理事会，董事会和总监。该中心拥有丰富多样的农业和制造项目。其中农业项目在1979年首次开展，任务是通过发展科技提高甘蔗质量和产量，降低生产成本。该研究项目涉及水利管理、植物营养与繁殖、土壤管理、耕作实践、发育控制、农业机械化、气象研究、地理信息系统和远程感知等领域。该项目的目标是通过科技创新提高甘蔗和乙醇产业的竞争力，使之成为哥伦比亚甘蔗生产业和国内外科研领域的龙头项目。作为专门的甘蔗研究中心，该中心致力于提高哥伦比亚甘蔗产业竞争力，推动可持续发展，同时还与甘蔗生产产业大型企业及国际国内科技行业合作，不断提高甘蔗产业发展水平。

网址：http：//www.cenicana.org

101. 巴西农牧研究院

巴西农牧研究院（The Brazilian Agricultural Research Corporation，EMBRAPA）成立于 1973 年，是巴西国家农业研究机构。设有 38 个研究中心，3 个服务中心，13 个管理处。共有员工 8 155 名，其中研究人员 2 097人，研究人员中 50%具有硕士学位、66%具有博士学位。该研究院主要开展大田作物、设施农业、森林、园艺、畜牧等方面的研究开发。作物主要有：菠萝、木瓜、香蕉、腰果、番石榴、油梨、油棕、橡胶、木薯、热带蔬菜、水稻、玉米、大豆、高粱、葡萄、棉花、小麦等。畜牧方面主要是养牛、养鸡。该机构有着广泛的国际合作经验，与世界上 56 个国家的 155 个国际研究机构（主要分布于英国、德国、日本及非洲一些国家，如安哥拉、莫桑比克、几内亚比绍、纳米比亚）开展了 275 项技术合作，主要是参与研究开发。同时，它与美国 20 多所大学有合作。

网址： http：//www. embrapa. br

102. 阿根廷农业技术研究所

阿根廷农业技术研究所（National Institute for Agricultural Technology，INTA）成立于1956年，下设15个区域性研究中心，其中包括47个农业实验站，并在全国设有超过260个分部。此外，研究所还有4个由15个机构组成的科研中心，共有5 868名员工。阿根廷农业技术研究所是一所经济和管理上具有独立性的公共组织，其核心机构隶属于农业畜牧渔粮秘书处。“通过科学研究、技术开发和推广，开展相关活动以增强农业产业链的竞争力，同时达到保护环境和维持生产系统的可持续发展，最终达到推动社会公平和地区发展的目的”是该机构的战略计划。该所的主要活动是提高农业产量，增加农业部门的利润，提高农村家庭生活水平，改善农产品质量，发展生物多样性和可持续利用自然资源。

网址： http：//www. inta. gov. ar

103. 阿根廷农作物生理生态研究所

阿根廷农作物生理生态研究所（Agricultural Plant Physiology and Ecology Research Institute，IFEVA）成立于1965年，是由布宜诺斯艾利斯大学农学院和阿根廷国家研究会联合建立的研究机构。其研究重心是农作物生理机制研究和自然资源的可持续利用。当前工作是利用分子生物学手段研究植物对自然环境的响应和区域性生态系统的结构和功能。该所运用不同手段，从不同方面对农业和林业进行系统研究：（1）利用卫星图像来观察植物从而对小范围生态系统功能进行评估；（2）利用包括气候、土壤及土地信息数据库来评估碳水循环对生产活动的作用；（3）具体研究农场和农田使用对动植物分布的影响，尤其关注其演变机制和生物入侵；（4）研究农作物响应生物和非生物胁迫以及在生态系统中的相互作用。该所还对植物品种进行生态生理学研究，以期了解农作物在生理方面对环境因子的适应，环境因子对植物生长及发育具有的重大影响；研究主题包括花卉种植与栽培，环境对谷物粒数和千粒重的影响，非生物胁迫对产量和品质的影响，以及科学的栽培措施对根茎耐受力的影响等。该机构近期研究工作重点是小麦、玉米、向日葵、大麦、油菜、高粱等。

网址： http：//www. ifeva. edu. ar

欧　　洲

104. 法国国际农艺研究与开发合作中心

法国国际农艺研究与开发合作中心（Centre de coopération Internationale en Recherche Agronomique pour le Développement，CIRAD）成立于1901年，是一个针对热带、亚热带农业地区发展中国家及法属海外殖民地开展农业研究活动的机构。该中心下设三个研究部门：生物系统部、热带作物生产与加工部、环境与社会部。共有59个研究小组，其中32个国内研究小组、4个服务小组、20个联合研究小组、3个国际研究小组。中心共有员工1 825人，其中高级科学家856人。2007年研究经费共计203亿欧元，其中2/3来源于法国政府。该中心研究的热带作物主要有：咖啡、油棕、橡胶、香草兰、甘蔗、水稻、大豆、椰子，以及热带蔬菜、热带果树、热带花卉等。其总部设在法国南部的蒙彼利埃，在巴黎设有区域办公室。在海外建立的研究机构或办事处有：非洲——喀麦隆、刚果（布）、塞内加尔、几内亚、贝宁、马里、加纳、肯尼亚、南非、马达加斯加；美洲——巴西、哥斯达黎加、美国；亚洲——越南、泰国、印度尼西亚、中国；南太平洋地区——瓦努阿图。

网址：http：//www. cirad. fr

105. 热带农业协会

热带农业协会（The Tropical Agriculture Association, TAA）成立于20世纪70年代末，秘书处设在英国，是一个民间非营利性组织，有包括农业学家、教育领域的专家学者及其他相关领域人员在内的800名会员。涉及的学科主要有农艺学、病虫害防治、植物育种、动物健康及繁育、经济学、工程学、林学、土地利用规划、市场营销、采收技术、水土保持等。该组织定期在伦敦、苏格兰、英格兰东部及西南部召开讨论与热带农业相关的会议，并给相关机构提供专家建议。该组织创建了《农业发展》（Agriculture for Development）期刊。另外，该组织还组织成员到科研机构及热带发展中国家和地区进行经验交流，并且提供在线的信息咨询和技术指导。

网址： http：//www. taa. org. uk

106. 瓦格宁根大学

瓦格宁根大学（Wageningen UR，WUR）始建于1876年，是荷兰研究生命科学的著名高等学府，也是欧洲重要的农业大学之一。其宗旨是“探索自然潜能，改善人类生活”。瓦格宁根大学拥有在全球各地的政府和商界工作、致力于食品安全和环境保护领域的6 500名教职工和来自世界100多个国家和地区的10 000多名学生，核心研究领域有食品生产加工、环境保护、食品安全等。瓦格宁根大学在农业领域的研究包括：（1）国际植物研究：通过整合在植物研究领域的专业知识和经验，为国家政府、私营企业、农业产业界提供相关专业领域的全新信息；（2）农业系统研究：关注农业系统的创新，主要涉及欧洲及热带领域的可持续农业系统的设计与发展、持续营养与水资源管理、农业畜牧业管理。瓦格宁根大学在商业领域的研究致力于生物基础经济、可可生产管理、生物能源、热带林木种植技术及可持续畜牧业发展。该大学开展了可可生产监控方面的研究，试图通过多种途径开发出新的农药替代品，增强可可抗病性，同时维护生态环境；还致力于发展抵抗疫霉属疾病的环境友好型战略措施，研究抵御各种害虫和疾病的分子基础。

网址： http：//www. wur. nl/UK